Ramiro B. Mendoza Medina

Descentralización Con Caridad

A Andahuaylas.

A mis profesores.

A mi familia.

Por haber posibilitado mi formación como ser humano.

CONTENIDO

PRESENTACIÓN	11
INTRODUCCIÓN	13
PRIMERA PARTE: ¿QUÉ SE TIENE?	17
DESCENTRALIZACIÓN Y REGIONALIZACIÓN	17
LA CONSTITUCIÓN DEL 93	18
LEY DE BASES DE LA DESCENTRALIZACIÓN	18
REFORMAS CONSTITUCIONALES	19
¿HACIA LA REGIONALIZACIÓN?	20
POLÍTICA GENERAL DE GOBIERNO AL 2021	22
LA LEY 29230, OBRAS POR IMPUESTOS – OXI	24
CONCLUSIONES	25
SEGUNDA PARTE: REALIDADES	27
LAS MUNICIPALIDADES	27
CARÁCTER DE LOS GOBIERNOS LOCALES	29
AUTONOMÍA DE LOS GOBIERNOS LOCALES	30
COMPETENCIAS MUNICIPALES	30
INGRESOS MUNICIPALES	31
ATRIBUCIONES DEL CONCEJO MUNICIPAL	33
INSTITUTO DE FOMENTO MUNICIPAL (INFOM)	35
DESARROLLO ECONÓMICO LOCAL	36
LAS PARROQUIAS	39
TERCERA PARTE: CÁRITAS DEL PERÚ	41
¿QUIÉNES SOMOS?	41
VISIÓN	42
MISIÓN	42
PRESENCIA NACIONAL	43
GENERANDO OPORTUNIDADES	43
ANÁLISIS SITUACIONAL	44
LOS QUE SALIERON	45
LOS QUE SALIMOS	47
LO QUE QUEDÓ	47
¿Y CÁRITAS QUE ESTÁ HACIENDO?	48
IDENTIFICANDO OPORTUNIDADES	49

    Los Emprendedores 50
    ¿Quiénes Deben Hacerlo? 51
    Mapa de Riqueza Potencial 52
    Programa Social y Educativo 53
    IPRESS 53
    CETPRO (Centro de ETP) 54
    Programa Integral de Desarrollo 55
    Proyectos Piloto 57

CUARTA PARTE: GENERANDO ESTABILIDAD 73

    Presidencia del Consejo de Ministros (PCM) 74
    Subsidiariedad 75
    ¿Qué significa ser un inversionista? 76
    ¿Cómo generar estas condiciones? 76
    Programa del Retorno 80
    La Nostalgia por el Retorno 81
    Interacción y Consecuencias 81
    Los Facilitadores del Retorno 82

QUINTA PARTE: EDUCANDO PARA LA GESTIÓN 85

    ¿Y en Cáritas que se está haciendo? 86

SEXTA PARTE: APROVECHANDO LAS OPORTUNIDADES 89

SETIMA PARTE: DESCENTRALIZACIÓN CON CARIDAD 95

    El Corto, Mediano y Largo Plazo 96
    Los Profesionales Provincianos 98
    Las Municipalidades Provinciales y Distritales 99
    La Red Cáritas y las Parroquias 100
    Los Emprendedores 100
    Los Inversionistas 101
    Los Promotores 101
    La Empresa Privada 101
    Mapa de Riqueza Potencial: Qoripacha.com 102
    Rueda de negocios 102

OCTAVA PARTE: PROMOCIÓN Y PUBLICIDAD 105

INVOCACIÓN 109

"Cuida la creación… ¡Esto es cristiano! Es nuestra respuesta a la 'primera creación' de Dios. Es nuestra responsabilidad. Un cristiano que no cuida la creación, que no la hace crecer, es un cristiano al que no le importa el trabajo de Dios, ese trabajo del amor de Dios para nosotros"

Papa Francisco

"Los animo a que no dejen de responder, desde el Espíritu de la caridad, al grito de los pobres y de la tierra. Latinoamérica necesita abrirse a caminos de paz y desarrollo integral de sus gentes, porque su rostro está herido por tanta violencia, siendo un problema estructural de la sociedad".

Papa Francisco

"Frente a esta violencia estructural, la familia de Cáritas tiene un rol fundamental que cumplir ya que, mediante el amor (cáritas) que proviene de Dios, nos re-conocemos y tratamos, generando una nueva civilización"

PABLO VI
Jornada Mundial de la Paz 1976

PRESENTACIÓN

La Descentralización en el Perú empezó oficialmente el año 2,001; como resultado en la actualidad tenemos 24 gobiernos regionales, 196 municipalidades provinciales y 1,678 distritales.

Las municipalidades distritales son las que están más cerca de la población, viven su día a día y sus problemas cotidianos.

Por otro lado, tenemos otra organización en todo el País: 47 CARITAS y 1,561 parroquias que también viven con la gente en cada localidad en la que se encuentra. En todos estos lugares existen familias y niños que son el futuro de nuestro país y que se merecen TODO lo creado en el lugar de su residencia.

Una persona permanece en su lugar de residencia mientras tenga y encuentre las motivaciones y oportunidades para hacer su camino y su vida.

¿Nuestra descentralización, ha logrado cumplir las expectativas de los lugareños? O sólo ha quedado en papeles.

En este tiempo ¿cuantos han emigrado de sus lugares de origen, buscando oportunidades en los centros más "poblados y desarrollados"?

El Instituto Nacional de Estadística e Informática del Perú, nos señala que al año 2003 habíamos egresado más de un millón de profesionales provincianos y nos encontrábamos buscando oportunidades en la capital del Perú, Lima.

¿Podía haberse evitado todo esto?, dada las circunstancias y lo sucedido, considero muy difícil y complicado haberlo hecho.

Pero visto y analizado en el tiempo, esto se podría revertir o detener con nuestras nuevas generaciones, si iniciamos una **Descentralización con Caridad**.

¿Y, cómo podría hacerse?, muy simple: potenciando a quienes están más cerca de la población, las parroquias y las municipalidades distritales, a través de un programa integral de desarrollo.

INTRODUCCIÓN

Los problemas que generó el centralismo son múltiples y diversos pero tal vez el mayor sea el atraso en que se encuentran los pueblos del interior del país. El revertir esto significa no sólo cumplir con lo señalado por la Constitución Política del Perú en lo referido a los deberes primordiales del Estado Peruano, esto es, el promover el bienestar general de la población **fundamentado en la justicia y en el desarrollo integral y equilibrado de la nación**, sino también el devolver la dignidad a los millones de personas que habitan en el interior de nuestro país.

Es fácil entender que, para tener nuestro país desarrollado y equilibrado se debería dejar de hacer las cosas tal cual hasta ahora se han hecho y/o hacerlas de tal manera que se cumplan las leyes como fueron concebidas originalmente, pero ¿cuál es el momento de partida y/o cuáles las reglas de juego iniciales?

Frente a la pregunta ¿cómo descentralizar? debería tenerse presente el ¿para qué?, y junto con esto, ¿estamos dispuestos a delegar autoridad, o cómo siempre sólo responsabilidad?

Si el para qué, es, para devolver la dignidad de la población, especialmente la que se ha quedado en las etapas previas de la descentralización, creo que debería iniciarse una serie de actos que hagan de este momento un punto de partida. Para este efecto, **la descentralización con caridad es una buena respuesta.**

Si invertir es emplear el tiempo y/o los caudales en aplicaciones productivas, las motivaciones que mueven al inversionista no siempre están basadas sólo en la rentabilidad económica sino también en las expectativas de carácter social, especialmente en el caso de los emigrantes que fuera de su lugar han encontrado el éxito, intelectual y/o económico.

Este tipo de personajes, que son muchos y no sólo en el país, sienten la necesidad de retornar a su tierra, inicialmente por nostalgia, pero cuando lo hacen quisieran tener la oportunidad de iniciar un programa de retorno como inversionistas de tal forma que puedan articular su tierra con los mercados que conoce.

Pero lógicamente como cualquier persona o entidad que pone su dinero, quisieran un mínimo de condiciones que le garanticen que su inversión va a obtener la rentabilidad que espera, pero sobre todo que se le dé la seguridad y garantía de que las reglas de juego con las que va a entrar se respeten.

Si un país para atraer a los grandes capitales se preocupa tanto por mantener bajo el factor riesgo/país y se esmera en mostrar las mejores condiciones para el ingreso de inversionistas, creo que las mismas preocupaciones deberían tenerse para el caso de los inversionistas que deseen retornar a sus poblaciones en el interior.

Aunque no necesariamente a vivir, pero si a invertir y con este hecho generar fuentes de trabajo, que por su efecto multiplicador beneficiará a la sociedad en su conjunto.

Un programa de **descentralización con caridad** debería llenar estas expectativas.

PRIMERA PARTE: ¿QUÉ SE TIENE?

Descentralización y Regionalización

La descentralización y la regionalización, desde la perspectiva legal son un hecho, ¿pero en la realidad se está cumpliendo con la eficiencia que se espera?

Para que este hecho se produzca debe tenerse presente que el centralismo persiste, malformación que significa: acumulación de poder y deformación del Estado como tal, así como de los sistemas de gobierno, tanto que, para la población en general, la percepción que se tiene del Estado es sólo el Poder Ejecutivo, ignorándose casi por completo que las Municipalidades no son solo instancias administrativas sino los órganos de Gobierno Local, reconocidas por la propia Constitución.

Por esta razón y como referencia se señala en forma cronológica todas las normas y artículos relacionados que se tiene en lo referido al proceso de la descentralización, así como las reformas constitucionales producidas, analizándose con mayor detenimiento el actual proceso a la luz de las principales normas que para este efecto se tiene hasta la fecha.

La Constitución del 93

- Art. 43; el Estado es uno e indivisible y su Gobierno es unitario, representativo y descentralista.
- Art. 60; Pluralismo Económico El Estado reconoce el pluralismo económico. La economía nacional se sustenta en la coexistencia de diversas formas de propiedad y de empresa. Sólo autorizado por ley expresa, el Estado puede realizar subsidiariamente actividad empresarial, directa o indirecta, por razón de alto interés público o de manifiesta conveniencia nacional.
- Art. 118; corresponde al Presidente de la República 3) Dirigir la política general del Gobierno.
- Art. 188; la descentralización constituye una política permanente que tiene como objetivo el desarrollo integral del país.
- Art. 189; señala la división del territorio de la República y sus niveles de gobierno donde deben preservarse la unidad e integridad del estado y de la nación.

Ley de Bases de la Descentralización

- Art 3; la Descentralización tiene como finalidad el desarrollo integral, armónico y sostenible del país.

- Art 7; inc7.2, el Gobierno Nacional tiene jurisdicción en todo el territorio de la República.
- Art 18; el Poder Ejecutivo, elabora y aprueba los planes nacionales y sectoriales de desarrollo.
- Art 26; competencia exclusiva del gobierno nacional, diseño de políticas nacionales y sectoriales.
- Art 49; El gobierno nacional, los regionales y locales, mantienen relaciones de coordinación, cooperación y apoyo mutuo, en forma permanente y continua, articulando el interés nacional con los de las regiones y localidades.

Reformas Constitucionales

- Año 1995. Ley N.º 26472, del 9 de junio de 1995, que modificó el artículo 77° en lo referido a la asignación de recursos del presupuesto del sector público y en particular a los provenientes del canon.
- Año 2002. Ley N.º 27680, del 6 de marzo de 2002, que modificó el Capítulo XIV del Título IV referido a la descentralización, definiendo las bases del actual proceso de regionalización que se inició con la elección de los primeros gobiernos regionales en noviembre de 2002.
- Año 2004. Ley N.º 28390, del 16 de noviembre de 2004, que reformó los artículos 74° y 107° con el objeto de reconocer a los Gobiernos Regionales como órganos con derecho de iniciativa legislativa y con capacidad de crear, modificar, suprimir o exonerar contribuciones y tasas dentro de su jurisdicción y con los límites que señala la ley.

- Año 2007. En el Decreto Supremo N.º 007-2007-PCM se aprobó la fusión por absorción del Consejo Nacional de Descentralización a la PCM transfiriéndose su acervo documentario al Archivo Central de la PCM en el segundo semestre del año 2007.
- Año 2015. Ley N.º 30305, del 9 de marzo de 2015, que modificó los artículos 191°, 194° y 203° con el objeto de prohibir la reelección inmediata de los Alcaldes y Presidentes Regionales, disponiéndose además cambiar la denominación de estos últimos por la de "Gobernadores Regionales", quienes tendrán ahora la obligación de concurrir ante el Congreso de la República, bajo responsabilidad, cuando éste lo requiera.

¿Hacia la Regionalización?

Luego de Junio del 2001, se han producido hechos de mucha trascendencia para el proceso de la descentralización en nuestro país. Por esta razón en este capítulo voy a señalar los más importantes, haciendo y/o transcribiendo un resumen de los principales actos legales que se produjeron, resaltando sobre todo los conceptos relacionados con la gobernabilidad de nuestro país y la facilitación para las oportunidades de inversión que consoliden este proceso.

El 6 de marzo del 2002 se promulgó la LEY N.º 27680, Ley de Reforma Constitucional del Capítulo XIV del Título IV, sobre Descentralización; teniendo como artículo único, el objeto de la ley que modifica la estructura del estado, creando los gobiernos regionales.

Sus principales características son:

- La descentralización es una forma de organización democrática y constituye una política permanente de Estado, de carácter obligatorio, que tiene como objetivo fundamental el desarrollo integral del país.
- Es un proceso que se realiza por etapas, en forma progresiva y ordenada conforme a criterios que permitan una adecuada asignación de competencias y transferencia de recursos del gobierno nacional hacia los gobiernos regionales y locales.
- El territorio de la República está integrado por regiones, departamentos, provincias y distritos, en cuyas circunscripciones se constituye y organiza el gobierno a nivel nacional, regional y local, preservando la unidad e integridad del Estado y de la Nación.
- Los gobiernos regionales tienen autonomía política, económica y administrativa en los asuntos de su competencia. Coordinan con las municipalidades sin interferir sus funciones y atribuciones.
- La estructura orgánica básica de estos gobiernos la conforman el Consejo Regional como órgano normativo y fiscalizador, el Presidente como órgano ejecutivo, y el Consejo de Coordinación Regional integrado por los alcaldes provinciales y por representantes de la sociedad

civil, como órgano consultivo y de coordinación con las municipalidades.
- Los gobiernos regionales promueven el desarrollo y la economía regional, fomentan las inversiones, actividades y servicios públicos de su responsabilidad, en armonía con las políticas y planes nacionales y locales de desarrollo.
- Las municipalidades provinciales y distritales son los órganos de gobierno local. Tienen autonomía política, económica y administrativa en los asuntos de su competencia. Y promueven el desarrollo y la economía local, y la prestación de los servicios públicos de su responsabilidad, en armonía con las políticas y planes nacionales y regionales de desarrollo.
- Se definen las competencias y los bienes y rentas de las diferentes instancias de Gobierno; así como su fiscalización interna y la del control y supervisión a la que estarían sujetos por parte de la Contraloría General de la República.

Política General de Gobierno al 2021

El 24 de mayo del 2018, se publicó el Decreto Supremo que aprueba la Política General de Gobierno al 2021, DS N.° 056-2018-PCM, y que en el Artículo 2, Ámbito de Aplicación, señala:

"La Política General de Gobierno al 2021, es de aplicación inmediata para todas las entidades del Poder Ejecutivo, los gobiernos regionales y locales; y, las entidades dependientes de ellos en el marco de sus competencias"

Artículo 4.- Lineamientos prioritarios de la Política General de Gobierno al 2021

1. Integridad y lucha contra la corrupción
2. Fortalecimiento institucional para la gobernabilidad.
   2.1. Construir consensos políticos y sociales para el desarrollo en democracia.
   2.2. Fortalecer las capacidades del Estado para atender efectivamente las necesidades ciudadanas, *considerando sus condiciones de vulnerabilidad y diversidad cultural.*
3. Crecimiento económico equitativo, competitivo y sostenible
   3.1. Potenciar la inversión pública y privada descentralizada y sostenible.
   3.2. Acelerar el proceso de reconstrucción con cambios, con énfasis en prevención.
   3.3. Fomentar la competitividad basada en las potencialidades de desarrollo económico de cada territorio, facilitando su articulación al mercado nacional e internacional, asegurando el aprovechamiento sostenible de los recursos naturales y del patrimonio cultural.
   3.4. Reducir la pobreza y pobreza extrema tanto a nivel rural como urbano.
   3.5. Fomentar la generación de empleo formal y de calidad, con énfasis en los jóvenes.
4. Desarrollo social y bienestar de la población
   4.1. Reducir la anemia infantil en niños y niñas de 6 a 35 meses, con enfoque en la prevención.
5. Descentralización efectiva para el desarrollo

5.1. Institucionalizar la articulación territorial de las políticas nacionales.

5.2. Promover, desde los distintos ámbitos territoriales del país, alianzas estratégicas para su desarrollo sostenible.

La Ley 29230, Obras Por Impuestos – OXI

Ley que Impulsa la **Inversión Pública Regional y Local con Participación del Sector Privado**.

Mediante el mecanismo de OBRAS POR IMPUESTOS (OXI), las Entidades Públicas del Gobierno Nacional, Regional, Local y Universidades celebran Convenios con empresas privadas, para que éstas financien y/o ejecuten proyectos de inversión pública de impacto nacional, regional o local que hayan sido priorizados por las Entidades Públicas y que cuenten con la declaración de viabilidad en el marco de Invierte.pe.

Por su parte, las Entidades Públicas reconocen el financiamiento de los proyectos mediante la entrega de Certificados (CIPRL o CIPGN) que podrán ser utilizados por las empresas privadas, para el pago del impuesto a la renta de tercera categoría.

Actores que Intervienen en la OXI

El reglamento hace referencia a los principales actores que intervienen en un proyecto a ejecutarse mediante OXI, los mismos que son los siguientes:

1. Entidad Pública: Gobierno Nacional, Regional, Local y Universidades.

2. La entidad pública es la titular del proyecto de inversión priorizado.
3. Empresa Privada: Financia la fase de ejecución, operación y financiamiento del proyecto de inversión.
4. La empresa privada también puede ser el ejecutor del proyecto.
5. Ejecutor del proyecto: Elabora el expediente técnico y/o ejecuta la obra.
6. Empresa Privada Supervisora: Supervisa la elaboración del expediente técnico y/o la ejecución del proyecto.
7. Dirección General de Política de Promoción de la Inversión Privada – MEF:
8. Como ente rector que absuelve las consultas normativas y hace el seguimiento de los proyectos.
9. PROINVERSIÓN: brinda asistencia técnica y cuando se lo solicita la entidad pública se encarga del proceso por encargo.
10. Contraloría General de la República: Emite el informe previo y realiza el informe posterior.

Puede verse que los Lineamientos prioritarios antes señalados, nos muestran muchos campos de trabajo para la labor de una Red constituida en todo el país.

Conclusiones

La Constitución:

- El Estado es uno e indivisible, su gobierno es unitario y el señor Presidente dirige la política general del Gobierno.

- La descentralización es una política permanente cuyo objetivo es el desarrollo integral del País.

La Ley de Bases de la Descentralización:

- Define: la jurisdicción del Gobierno Nacional es en todo el territorio de la República y el Poder Ejecutivo elabora y aprueba los planes nacionales.
- Señala: es competencia exclusiva del Gobierno Nacional, el diseño de Políticas Nacionales y Sectoriales.
- Indica: los tres gobiernos deben mantener relaciones de coordinación y apoyo mutuo, articulando, el interés nacional con las regiones y localidades

SEGUNDA PARTE: REALIDADES

Las Municipalidades

La Constitución señala que: "Las municipalidades provinciales y distritales, y las delegadas conforme a ley, son los órganos de gobierno local. Tienen autonomía política, económica y administrativa en los asuntos de su competencia".

Lo antes señalado nos muestra que en el país existen sólo **dos** tipos de gobierno, el gobierno central y los gobiernos locales, debiendo remarcarse que: Los Municipios son la base del Desarrollo Nacional por ser los órganos de gobierno local y no sólo instancias administrativas, y por lo indicado en la misma Ley **las Regiones son una consecuencia** al señalarse por la Constitución en el Artículo 190°: "Las regiones se constituyen **por iniciativa y mandato** de las poblaciones pertenecientes a uno o más departamentos colindantes".

Así mismo, soy un convencido, que el desarrollo de los países, así como la descentralización de la "modernidad" deben darse sólo con el apoyo y esfuerzo de los Gobiernos Locales, las Municipalidades, por ser ellas las que están más cerca de la población, especialmente de la juventud, y por lo tanto los que conocen realmente los problemas de los pueblos.

Este convencimiento nos llevó el año 91 a promover un movimiento juvenil en el país, al que denominamos "Perú Joven" que como tema básico involucraba la municipalización del turismo, a través de la filosofía del movimiento alberguista y que debía culminar con la constitución del Instituto Nacional de la Juventud.

En esa oportunidad señalábamos: "Los jóvenes en el Perú sufren en forma especial la crisis por la que atraviesa el país, de tal forma que las oportunidades para su desarrollo se ven cada vez más postergadas y ellos como protagonistas para la conducción futura de la Nación, ven más alejada su participación. Los fenómenos económico-sociales han inmovilizado toda la población restándoles por lo tanto el acceso a fuentes ocupacionales y peor aún eliminando de su entendimiento la defensa y disfrute de la naturaleza, la educación, cultura y en consecuencia perdiéndose la identidad nacional".

Postulábamos la premisa "que para que una labor en beneficio de la persona sea realmente productiva, debe abocarse prioritariamente a brindar apoyo a los Gobiernos Locales, por corresponder a estos, por mandato de ley, resolver las necesidades básicas de la comunidad, y, por lo tanto, los de la juventud".

Lamentablemente, a pesar del tiempo transcurrido, las poblaciones del interior de nuestro país siguen esperando y posiblemente sigan migrando, como hace 45 años algunos lo hicimos, pero existe una realidad que al igual que en ese entonces continua al frente y cerca de los más necesitados: **las municipalidades.**

Carácter de los Gobiernos Locales

Las municipalidades provinciales y distritales son los órganos de gobierno local que tienen autonomía política, económica y administrativa en los asuntos de su competencia (Artículo 194° Const. 93)

Tres son los rasgos que determinan el carácter de las municipalidades, siendo estos:

- La consideración como organismos de gobierno local, lo cual les confiere su característica de verdadero nivel de gobierno dentro de su jurisdicción, constituyéndose, por lo tanto, en niveles descentralizados de gobierno.
- El reconocimiento de su autonomía, la misma que fundamenta y sustenta el carácter gubernamental de las municipalidades, consistente en la capacidad de gestión independiente dentro de los asuntos atribuidos como propios.
- El desarrollo de su autonomía dentro de los asuntos de su competencia.

Autonomía de los Gobiernos Locales

La autonomía municipal es la capacidad de decidir y ordenar (autonormarse) dentro de sus funciones y competencias exclusivas que no pueden ser ejercidas por ninguna otra institución.

La propia Constitución dispone que esta autonomía tiene tres dimensiones: autonomía política (capacidad de dictar normas de carácter obligatorio en asuntos de su competencia, dentro de su jurisdicción), autonomía económica (capacidad de decidir sobre su presupuesto y el destino de sus gastos), y autonomía administrativa (que es la capacidad de organizarse de la manera que más le convenga a la consecución de sus fines y ejercer sus funciones de acuerdo a su realidad geográfica y económica).

Competencias Municipales

Los gobiernos locales promueven el desarrollo y la economía local, y la prestación de los servicios públicos de su responsabilidad, en armonía con las políticas y planes nacionales y regionales de desarrollo (Artículo 195°).

Son competentes para:

- Aprobar su organización interna y su presupuesto.
- Aprobar el plan de desarrollo local concertado con la sociedad civil.
- Administrar sus bienes y rentas.
- Crear, modificar y suprimir contribuciones, tasas, arbitrios, licencias y derechos municipales, conforme a ley.

- Organizar, reglamentar y administrar los servicios públicos locales de su responsabilidad.
- Planificar el desarrollo urbano y rural de sus circunscripciones, incluyendo la zonificación, urbanismo y el acondicionamiento territorial.
- Fomentar la competitividad, las inversiones y el financiamiento para la ejecución de proyectos y obras de infraestructura local.
- Desarrollar y regular actividades y/o servicios en materia de educación, salud, vivienda, saneamiento, medio ambiente, sustentabilidad de los recursos naturales, transporte colectivo, circulación y tránsito, turismo, conservación de monumentos arqueológicos e históricos, cultura, recreación y deporte, conforme a ley.
- Presentar iniciativas legislativas en materias y asuntos de su competencia.
- Ejercer las demás atribuciones inherentes a su función, conforme a ley.

Ingresos Municipales

El Artículo 196° de la Constitución Política señala, son bienes y rentas de las municipalidades:

- Los bienes muebles e inmuebles de su propiedad.
- Los tributos creados por ley a su favor.
- Las contribuciones, tasas, arbitrios, licencias y derechos creados por Ordenanzas Municipales, conforme a ley.

- Los derechos económicos que generen por las privatizaciones, concesiones y servicios que otorguen, conforme a ley.
- Los recursos asignados del Fondo de Compensación Municipal, que tiene carácter redistributivo, conforme a ley.
- Las transferencias específicas que les asigne la Ley Anual de Presupuesto.
- Los recursos asignados por concepto de canon.
- Los recursos provenientes de sus operaciones financieras, incluyendo aquellas que requieran el aval del Estado, conforme a ley.
- Los demás que determine la ley

De igual manera, la **Ley Orgánica de Municipalidades**, en su Capítulo III, Artículo 69°, Rentas Municipales, señala con mayor amplitud, lo que son rentas municipales:

- Los tributos creados por ley a su favor.
- Las contribuciones, tasas, arbitrios, licencias, multas y derechos creados por su concejo municipal, los que constituyen sus ingresos propios.
- Los recursos asignados del Fondo de Compensación Municipal (FONCOMUN).
- Las asignaciones y transferencias presupuestales del gobierno nacional.
- Los recursos asignados por concepto de canon y renta de aduana, conforme a Ley.

- Las asignaciones y transferencias específicas establecidas en la Ley Anual de Presupuesto, para atender los servicios descentralizados de su jurisdicción.
- Los recursos provenientes de sus operaciones de endeudamiento, concertadas con cargo a su patrimonio propio, y con aval o garantía del estado con la aprobación del Ministerio de Economía y Finanzas conforme a ley.
- Los recursos derivados de la concesión de sus bienes inmuebles y los nuevos proyectos, obras o servicios entregados en concesión.
- Los derechos por la extracción de materiales de construcción.
- El íntegro de los recursos provenientes de la privatización de sus empresas municipales.
- El porcentaje de las rentas que por concepto del cobro de peaje recaudado se obtengan dentro de su jurisdicción, conforme a ley.
- Los dividendos provenientes de sus acciones.

Así mismo se señala "Los gobiernos locales pueden celebrar operaciones de crédito con cargo a sus recursos y bienes propios, sin requerir más autorización legal que la aprobación de la mayoría del número legal de miembros del concejo municipal".

Atribuciones del Concejo Municipal

Entre algunas atribuciones que tiene el Consejo Municipal para cumplir con eficacia su papel de facilitador y promotor del desarrollo de su localidad, para atraer emprendedores y/o inversionistas, se enumera las más relacionadas con este papel:

- Aprobar los planes de desarrollo municipal concertados y el presupuesto participativo.
- Aprobar, monitorear y controlar el plan de desarrollo institucional y el programa de inversiones, teniendo en cuenta los planes de desarrollo municipal concertados y sus presupuestos participativos.
- Aprobar el plan de acondicionamiento territorial de nivel provincial, que identifique las áreas urbanas y de expansión urbana; las áreas de protección o de seguridad por riesgos naturales; las áreas agrícolas y de expansión agrícola y las áreas de conservación ambiental.
- Aprobar los proyectos de ley que en materia de su competencia sean propuestos al Congreso de la República.
- Aprobar la creación de empresas municipales y de capital mixto, así como la participación en las privadas.
- Aprobar la entrega de construcciones de infraestructura y servicios públicos municipales al sector privado a través de concesiones o cualquier otra forma de participación de la inversión privada permitida por ley.
- Aceptar donaciones, legados, subsidios o cualquier otra liberalidad.
- Solicitar la realización de exámenes especiales, auditorias económicas y otros actos de control.
- Aprobar endeudamientos internos y externos, exclusivamente para obras y servicios públicos, por mayoría calificada y conforme a ley.

- Aprobar la donación o la cesión en uso de bienes muebles e inmuebles de la municipalidad a favor de entidades públicas o privadas sin fines de lucro y la venta de sus bienes en subasta pública.
- Aprobar la celebración de convenios de cooperación nacional e internacional y convenios interinstitucionales.
- Autorizar al procurador público municipal, para que, en defensa de los intereses y derechos de la municipalidad y bajo responsabilidad, inicie o impulse procesos judiciales contra los funcionarios, servidores o terceros respecto de los cuales el órgano de control interno haya encontrado responsabilidad civil o penal; así como en los demás procesos judiciales interpuestos contra el gobierno local o sus representantes.

Instituto de Fomento Municipal (INFOM)

Como herramienta adicional y muy importante, en el Artículo 126º se le faculta a los gobiernos locales, que en función de los recursos disponibles y en coordinación con el Gobierno Regional, podrán formar un Instituto de Fomento Municipal para el desarrollo económico local, el mismo que pueda absolver consultas técnicas, brindar información, llevar un banco de datos sobre iniciativas vecinales, realizar estudios estratégicos de buen nivel profesional y académico a favor de los gobiernos locales y con orientación hacia el horizonte económico de la macro región.

Desarrollo Económico Local

El desarrollo es el proceso social que conduce a la elevación de los niveles y calidad de vida de los seres humanos, implica no sólo el crecimiento de la producción sino fundamentalmente mejora de la calidad de vida, el que en el plano "local", se plantea como un retorno a las formas tradicionales de una comunidad donde se rescata los valores positivos de esa sociedad.

Dentro de este marco, el papel de las municipalidades en relación con el desarrollo local trasciende a lo "normalmente" asignado como su papel, ya que la Constitución como ya se señaló en las competencias municipales le asigna el rol de: "Planificar el desarrollo urbano y rural de sus circunscripciones, y ejecutar los planes y programas correspondientes". Razón por la cual existe un incremento significativo de municipalidades que hacen sentir su presencia realizando obras en comunidades y anexos, asumiendo como política el fomento del desarrollo productivo.

Asimismo, la creación en distintos lugares del país de mesas de concertación, comités de gestión, comités de desarrollo, etc. evidencian el rol de las municipalidades como los promotores del desarrollo local en cada una de sus zonas.

Dentro de esta concepción de Desarrollo, la nueva ley en su artículo 36º, al referirse a esta función lo hace definiendo la significación del papel de las municipalidades para el desarrollo económico local, señalando: "Los gobiernos locales promueven el desarrollo económico de su circunscripción territorial y la actividad empresarial local, con criterio de justicia social".

Y en el artículo 86°, cuando se refiere a la promoción del desarrollo económico local al asignar las funciones exclusivas y compartidas de las diferentes municipalidades, señala entre otras, las siguientes:

- Funciones exclusivas de las municipalidades provinciales:
    - Diseñar un plan estratégico de desarrollo económico local sostenible y un plan operativo anual, e implementarlos en función de los recursos disponibles y de las necesidades de la actividad empresarial de la provincia, según diagnóstico económico de su jurisdicción.
    - Concertar con el sector público y el privado la elaboración y ejecución de programas de apoyo al desarrollo económico local sostenible en su espacio territorial.
- Funciones compartidas:
    - Organizar, en coordinación con el respectivo gobierno regional y las municipalidades distritales de su jurisdicción, instancias de coordinación para promover el desarrollo económico local; aprovechando las ventajas comparativas de los corredores productivos, ecoturísticos y de biodiversidad.
    - Promover, en coordinación con el gobierno regional, agresivas políticas orientadas a generar productividad y competitividad en las zonas urbanas y rurales, así como la elaboración de mapas provinciales sobre potenciales riquezas, con el

propósito de generar puestos de trabajo y desanimar la migración.
- o Articular las zonas rurales con las urbanas, fortaleciendo así la economía regional.
- Funciones exclusivas de las municipalidades distritales:
  - o Ejecutar actividades de apoyo directo e indirecto a la actividad empresarial en su jurisdicción sobre información, capacitación, acceso a mercados, tecnología, financiamiento y otros campos a fin de mejorar la competitividad.
  - o Concertar con instituciones del sector público y privado de su jurisdicción sobre la elaboración y ejecución de programas y proyectos que favorezcan el desarrollo económico del distrito.
  - o Promover las condiciones favorables para la productividad y competitividad de las zonas urbanas y rurales del distrito.

Puede observarse que las municipalidades, dentro de la nueva Ley tienen suficientes facultades para promover alternativas de inversión en su área de influencia y generar cadenas de valor, a partir de la identificación y focalización de sus necesidades, las que profesionalmente manejadas deberían transformarse en reales oportunidades de inversión, con la consecuente generación de fuentes ocupacionales para evitar la migración de los habitantes de su localidad.

Transformando de esta manera las necesidades existentes en oportunidades y al cumplir con su función de "la elaboración de mapas provinciales sobre potenciales riquezas", y que, por sumatoria, se trabajaría en EL MAPA DE RIQUEZA POTENCIAL Y OPORTUNIDADES de este país: QORIPACHA.

Las Parroquias

"La Parroquia es el lugar donde el pueblo cristiano se inicia en la vida litúrgica y se congrega para participar en la celebración de la Eucaristía.

Es además el lugar donde se le enseña la doctrina salvífica de Cristo y vive la caridad.

La naturaleza íntima de la Iglesia se manifiesta abiertamente a través de la labor de cada Parroquia, expresada justamente en la **triple tarea**: el anuncio de la Palabra de Dios, la celebración de los Sacramentos y el servicio de la Caridad.

Estas tareas se implican mutuamente y no pueden separarse una de otra. Por ello la Parroquia es el ejemplo perfecto de una comunidad de Fe, Esperanza y Caridad".

"Tratándose de una comunidad eclesial, la Parroquia es una comunidad jerárquicamente organizada. Por esta razón entra en la definición canónica no sólo la comunidad de fieles, sino también su pastor propio, que es el párroco, y el Obispo, bajo cuya autoridad el párroco desempeña su misión pastoral".

Las Parroquias forman parte de las Diócesis y son las que están más cerca de la población y sus necesidades, en nuestro País, de 31 millones de habitantes y de acuerdo con los resultados de los

Censos Nacionales 2017, del total de la población de 12 y más años de edad, 17 millones 635 mil 339 (76,0%) personas profesan la religión Católica, existen 45 Jurisdicciones Eclesiásticas y 1.561 parroquias.

TERCERA PARTE: CÁRITAS DEL PERÚ

¿Quiénes Somos?

Cáritas del Perú es una Organización de la Iglesia Católica que promueve y lidera Programas de Desarrollo Integral (DHI), dirigido a personas en situación de pobreza o vulnerabilidad

Desarrollo Humano Integral, "Es aportar a la construcción de una cultura de vida y de paz que revierta los efectos negativos de una débil participación ciudadana y organización social y permita un real desarrollo enfocado en la persona, como pilar de la Sociedad".

Es importante tener en cuenta que Cáritas del Perú es una asociación religiosa católica, sin fines de lucro, constituida por la Conferencia Episcopal Peruana de acuerdo a las disposiciones del derecho canónico y al Acuerdo Internacional suscrito entre la Santa Sede y el Estado Peruano. La asociación <u>tiene como objetivo irradiar la caridad, la solidaridad y la justicia social a nivel nacional,</u>

estando al servicio de la acción pastoral orgánica de la Iglesia Católica.

Y donde se busca que las personas, sean protagonistas de su propio desarrollo y no pasivos receptores de programas asistenciales. Siendo el mayor reto el reducir la exclusión social, elevar el nivel de participación de los jóvenes y mujeres en nuevos liderazgos de gestión social a favor de sus familias y comunidades.

Visión

"Al año 2024 somos una red de Cáritas consolidada, de referencia a nivel nacional y en salida al encuentro del prójimo, transformando vidas".

Misión

"Somos una Institución de la Iglesia Católica en el Perú que iluminada por el Evangelio y la Doctrina Social de la Iglesia practica la Caridad promoviendo el desarrollo humano integral sostenible, especialmente de las personas en condición de vulnerabilidad, para construir la civilización del amor, en alianza con otras instituciones y organizaciones".

Conforme a sus Estatutos, Cáritas del Perú se vincula a la red de Cáritas Diocesanas constituidas en el país pudiendo asumir las labores de coordinación, representación y servicio de los diferentes programas y proyectos de asistencia, promoción y desarrollo que se ejecutan a nivel diocesano, regional o nacional; además se rige dentro de los siguientes pilares: salud y educación, cadenas productivas, gestión de riesgos y cambio climático, responsabilidad social y voluntariado, ciudadanía, medio ambiente y Fortalecimiento Institucional.

En ese sentido Cáritas del Perú, cumple funciones de apoyo logístico y asesoramiento y ofrece un apoyo integral a la red de Cáritas Diocesanas.

Presencia Nacional

Su presencia es en TODO el País y forma parte de una Red de 47 Cáritas Diocesanas, organizada en 5 Zonas:

- Zona Lima Callao, 5 Cáritas Diocesanas
- Zona Norte, 11 Cáritas Diocesanas
- Zona Centro, 10 Cáritas Diocesanas
- Zona Sur, 13 Cáritas Diocesanas
- Zona Selva, 8 Cáritas Diocesanas

A través de esta red se ejecutan proyectos sociales, económico productivos y de prevención y cambio climático, a nivel nacional y se logra llegar a lugares y rincones del país donde a veces el propio Estado no llega.

Generando Oportunidades

¿Qué y cómo debemos hacerlo?

En todos los lugares de nuestro País se encuentra una Parroquia y una Municipalidad Distrital, ambos al estar en contacto directo con la población pueden ver y detectar las necesidades y soluciones que tienen y deberían tener cada pueblo.

Las necesidades, vistas y analizadas en positivo, son OPORTUNIDADES que la Institución correspondientes deben "aprovechar" para solucionar y/o generar oportunidades para los que salieron de su terruño y/o de inversionistas, que ayuden a solucionar los problemas existentes.

Análisis Situacional

Independientemente de si se trata de una Parroquia o una Municipalidad Distrital el proceso que se señala debe servir para cualquiera de ellas, ya que lo que se pretende es diseñar y desarrollar una metodología para el análisis del ámbito geográfico que tenga asignado el responsable de la zona, de tal forma que él logre identificar las oportunidades de "negocio" territoriales en el área de su influencia y/o responsabilidad.

Para esto primero debe procederse a el Diagnóstico Situacional el que, a través del análisis externo e interno, les permita evaluar los factores positivos y negativos que enfrenta la organización al identificarse frente a su Visión y Misión, plataforma y guía de acción de la "Jefatura", para formular los objetivos locales, determinar y diseñar las estrategias que deban formularse para programar sus actividades y alcanzar los indicadores de gestión locales.

Las Conclusiones del Diagnóstico Situacional deben aterrizar en:

- Cuál es la Política del Gobierno para esa zona.
- Oportunidades que el Mercado nos ofrece.
- Quienes salieron, quienes llegaron.
- Situación de la Institución, en el lugar que nos encontramos.
- Como estamos organizados para afrontar los retos.

Los que Salieron

Los emigrantes de Perú al 2019, son el 4,7% de la población y viajaron principalmente Estados Unidos, 34,74%, Chile 13,59% y Argentina, el 13,14%.

La emigración femenina es un 58.05% del total de emigrantes, y es superior a la masculina, que son el 41.94%.

Según Teófilo Altamirano Rúa, experto en el tema de culturas migrantes, el Perú ha pasado de ser un país de inmigrantes hacía otro de emigrantes siendo la composición de la misma ya no sólo de la clase media alta, sino también campesinos y miembros de la clase media baja urbana y mayoritariamente, mujeres.

Como característica especial señala "los peruanos, cualquiera sea el país de destino y cualquiera su extracción económica y social, mantiene el deseo del retorno y por sus características del gregarismo, hace que sean propicios a organizarse en asociaciones y/o clubes. Siendo los peruanos, en el exterior el mejor difusor de la cultura peruana y del turismo".

"Otros estudios realizados por el investigador abordan los efectos que tienen las migraciones internacionales en los países de origen y de destino, sobre esta temática tenemos: remesas y nueva fuga de cerebros; impactos transnacionales como migración, remesas y desarrollo en tiempos de crisis.

En estos últimos tiempos, el Dr. Altamirano ha desarrollado estudios relacionados al cambio climático y el desplazamiento de poblaciones vulnerables, en este tema destaca la publicación refugiados ambientales: Cambio climático y migración forzada, publicada en el año 2014 por el Fondo Editorial de la PUCP y la colaboración de INTE-PUCP".

Y que lo que señala y ratifica es que a todo este tema debe sumarse en la actualidad **la naturaleza** como causante de migración (El Comercio - El cambio climático se ha añadido como factor migratorio 25.03.2017).

Efectivamente, pues cuando se piensa en migraciones ya no son sólo las razones convencionales como el desempleo, las escasas oportunidades de trabajo, la marginalidad y la imagen de las grandes ciudades como lugares donde uno se puede realizar y/o sobrevivir.

Y en el tema de inmigrantes, hasta noviembre del año 2019 se calcula que han ingresado al Perú 862,000 venezolanos, siendo el segundo país con mayor asentamiento de estos migrantes. Más del 70% de la población migrante y de refugiados se han ubicado en la ciudad de Lima y el 85% se dedica al trabajo informal.

Los que Salimos

Hace 50 años, los que salimos lo hicimos con intención de calificarnos para retornar, porque en esa época no existían facilidades en nuestros lugares de origen para capacitarnos; pero, nos quedamos estacionados, especialmente en las grandes urbes como Lima.

Sin embargo, desde 1980 al 2000 se produjo un nuevo fenómeno, la de los desplazados por acciones de la violencia terrorista, que produjo nuevos migrantes. Hechos que han ocasionado el crecimiento de las ciudades intermedias y posiblemente el de la migración internacional.

Un provinciano al llegar a las grandes capitales, lo primero que hace es tratar de ubicar a sus coterráneos, los que en las ciudades están organizados en los clubes departamentales, distritales, etc., pues allí encuentran el apoyo emocional y por qué no decirlo quizás la oportunidad que esperaban para iniciar esta nueva aventura; *sin temor a equivocarme podía señalar, que, en los clubes, vibra el corazón de los que salimos, pensando permanentemente en retornar.*

Lo que Quedó

Si bien el tiempo no tiene que detenerse, por los que salieron, también es un hecho que por las políticas económicas que se aplicaron en estos últimos tiempos, la brecha entre los que más tienen y los que más necesitan se ha hecho muy grande, lo que hace que los que salieron y los que salimos nos hayamos quedado empantanados en las grandes y/o medianas urbes donde nos encontramos.

Mientras que nuestros lugares de origen han quedado postergados y con gran parte de sus necesidades no cubiertas y/o insatisfechas.

Para los que tuvimos oportunidad de retornar, en condición de "turistas", nuestra tierra se nos presenta como un mundo lleno de oportunidades, puesto que a los ojos de la experiencia que tenemos y a las dificultades que tuvimos que sobreponernos, las necesidades insatisfechas de estos lugares son para nosotros "negocios" en potencia.

¿Y Cáritas que está Haciendo?

En el ámbito nacional, alienta la labor desplegada por una Red de 47 Cáritas Diocesanas que cubren toda la geografía del país, con el objeto de promover e incentivar programas a favor de las poblaciones más pobres y facilitar su desarrollo humano integral basado en los principios cristianos de justicia, solidaridad y respeto a la dignidad humana.

El trabajo de Cáritas va más allá del apoyo asistencial; tiene como objetivo la promoción y el desarrollo de los sectores en situación de pobreza y exclusión de nuestra sociedad. En sus 65 años de existencia, ha implementado diversos proyectos a favor del bienestar y la realización plena de las personas en un ambiente de absoluto respeto a su dignidad personal y a sus derechos humanos.

Por lo que la Red Cáritas es un actor clave y socio estratégico de las instituciones que buscan actuar responsablemente en sus ámbitos de influencia y fortalecer los procesos de participación ciudadana y defensa del bien común, mediante la implementación de cooperaciones beneficiosas para todas las partes involucradas.

Identificando Oportunidades

El contacto directo con la población de nuestras Parroquias y gobiernos locales nos permiten ver con claridad y detectar las necesidades que tienen nuestros pueblos.

Las necesidades, vistas en positivo son oportunidades, pues en la labor de su "corrección" está la elaboración y ejecución de proyectos los que tendrán que ser hechos por emprendedores y/o inversionistas, locales o invitados.

Por lo tanto, la identificación de "oportunidades" en cada uno de los lugares - área de influencia de las Parroquias y Municipios - debe darnos como consecuencia y por acumulación un Mapa de Riqueza Potencial y Oportunidades.

Pero este hecho debe partir de un diagnóstico sectorial previo, y que sirva como un marco referencial para ubicar los temas de prioridad local; sin embargo creo que la mejor manera de identificar "las oportunidades", especialmente si de PYMES se trata, es programar un viaje a "la Santa Tierra" (lugar de nuestro nacimiento) para que allí, podamos ver y tocar la realidad de las necesidades que se tienen y conversar con las autoridades locales desde la perspectiva y el sesgo de nuestra especialidad; una vez hecho esto deberíamos elaborar una relación de necesidades, para analizarlas y con los conocimientos adquiridos plantear las posibles alternativas de solución, las mismas que deberían convertirse en perfiles de inversión y nosotros, los que salimos, en EMPRENDEDORES.

Los Emprendedores

¿Qué significa ser emprendedor?, ¿Será emigrar del lugar que nacimos para calificarnos y dejarnos aplastar por el Sistema llevando una vida más o menos cómoda en los lugares donde se nos acogió?

¿Será tal vez vencer a cada paso los retos que nos impone la supervivencia y en el poco tiempo "libre" que nos deja lo urgente, pensar y proyectarnos en lo importante, y si es para el lugar de donde salimos mejor?

Todas estas interrogantes me han acompañado siempre y las únicas respuestas que he encontrado es que cada uno de nosotros está lleno de potencialidades y que si nos queremos quedar con todo, vamos a explotar y antes que esto suceda, deberíamos compartirlos con la sociedad en su conjunto, especialmente en los lugares donde tenemos mayores Fortalezas, esto es, los lugares donde nacimos, por tener no sólo conocimiento físico de ellos sino también una carga emotiva muy grande que nos une para siempre.

A lo largo de estos últimos años, tratando de motivar, a los posibles EMPRENDEDORES, me he encontrado con muchos profesionales que entre otras disculpas me han mencionado que no saben elaborar proyectos, para todos ellos se tiene en el Ministerio de Economía y Finanzas - Dirección General de Programación Multianual de Inversiones - DGPMI Proyectos de Inversión, una GUIA DE ORIENTACION PARA LA FORMULACION DE PROYECTOS DE INVERSION, publicación de setiembre 2019, de tal forma que este pretexto también se acabó, por lo que el reto queda en pie.

¿Quiénes Deben Hacerlo?

El reto va para los profesionales emigrantes de un lugar, en el área de su especialidad, sea en forma individual o colegiada (Colegios profesionales / Clubes departamentales); por ser ellos quienes tienen mayor conocimiento de la zona, aunque tengan mucho tiempo fuera de su terruño y eso de visos de desactualización. Priorizando e identificando las ventajas comparativas locales y de su región en particular y respondiendo a las políticas de desarrollo que el gobierno local desee imprimir.

A modo de idea se puede sugerir, que los responsables de los clubes departamentales, convoquen a expositores que hayan procesado información situacional de cada una de sus regiones, con asistencia lógicamente de todos los profesionales de la zona (posibles consultores) los que a partir de su especialidad, puedan visualizar para las deficiencias y/o debilidades, la solución, esta alternativa de solución convenientemente tratada con un equipo de especialistas seria la oportunidad de inversión que se busca y el profesional que participe en su identificación, su Promotor.

No debemos olvidarnos de que "donde hay debilidades o deficiencias, también existen oportunidades", pues justamente en las alternativas de solucionarlos se están gestando los posibles negocios.

El club departamental a su vez se convertiría en el nexo entre las grandes ciudades y los municipios, con quienes se debería diseñar una forma de comunicación permanente, para que las oportunidades identificadas sigan alimentando la base de datos de las oportunidades en su ámbito de acción y lógicamente sean consideradas dentro de los Programas de Desarrollo locales.

Finalmente, en el campo productivo el promotor estaría eslabonando mercados, dado su conocimiento de las necesidades de su actual zona de residencia y el centro productor donde se pretende realizar la inversión.

Mapa de Riqueza Potencial

El Mapa de Pobreza que grafica las necesidades de nuestro territorio y que tiene catalogados desde hace más de 30 años, a todos los pueblos en un "ranking" que nos muestra con mucha vergüenza las dificultades y necesidades de cada rincón de este país, fue el elemento motivador para la elaboración de este mapa ya que si empezamos a ver en una forma positiva todo lo que nos acontece, podemos tener una imagen distinta de nuestra realidad, pues como sabemos en la solución de los problemas es donde se encuentran las oportunidades de hacer negocios, por lo tanto, las necesidades de un lugar, deben convertirse en la riqueza potencial del mismo.

Desde esta perspectiva todas las Municipalidades del Perú con sus problemas, tienen potencialmente, muchas oportunidades que ofrecer y/o compartir con quienes deseen hacer negocios en su terruño y esta, por acumulación, estaría construyendo el mapa de riqueza potencial y las oportunidades que este país debe ofrecer.

Programa Social y Educativo

Cáritas, dentro de su estructura funcional tiene programas de tipo social y educativo y tiene visualizado alternativas de solución para el interior del país, entre estos se tiene los IPRESS y los CETPRO.

IPRESS

Las Instituciones Prestadoras de Servicios de Salud (IPRESS), son todos aquellos establecimientos de salud y servicios médicos de apoyo públicos, privados o mixtos que realizan atenciones en salud con fines de prevención, promoción, diagnóstico, tratamiento y/o rehabilitación, así como aquellos servicios complementarios o auxiliares de la atención médica. Para poder ejercer esta función están obligadas a registrarse ante SUSALUD.

Lo realizan con infraestructura propia o de terceros, dentro del régimen del Seguro Social de Salud, financiando las prestaciones mediante el crédito contra los aportes a que se refiere la Ley 26790 y otros con arreglo a ley, sujetándose a los controles de la Superintendencia Nacional de Aseguramiento en Salud.

Y desde Cáritas se podría establecer una red de servicios de salud de primer nivel de atención, con calidad y calidez a nivel nacional, que pueda contribuir a mejorar el acceso a los servicios de salud a la población asegurada y no asegurada, en un marco de atención acorde con la dignidad de la persona humana.

CETPRO (Centro de ETP)

El MINDES, señala ¿Qué es la Educación Técnico-Productiva-ETP?

La Educación Técnico-Productiva es una forma de educación orientada a la adquisición y desarrollo de competencias laborales y empresariales en una perspectiva de desarrollo sostenible, competitivo y humano, así como a la promoción de la cultura innovadora que responda a la demanda del sector productivo y a los avances de la tecnología, del desarrollo local, regional y nacional, así como a las necesidades educativas de los estudiantes en sus respectivos entornos.

Asimismo, contribuye a un mejor desempeño de la persona que trabaja, a mejorar su nivel de empleabilidad y a su desarrollo personal. Está destinada a las personas que buscan una inserción o reinserción en el mercado laboral y a alumnos de la Educación Básica. Se rige por los principios dispuestos en los artículos 40° al 45° de la Ley General de Educación N.° 28044.

¿Cuáles son los objetivos de la ETP?

- Desarrollar competencias laborales y capacidades emprendedoras para el trabajo.

- Motivar y preparar a los estudiantes para aplicar lo aprendido en algún campo específico de la producción o los servicios, con visión empresarial.
- Actualizar las competencias de trabajadores en actividad o desocupados, según las exigencias del mercado laboral.
- Complementar el desarrollo de la educación para el trabajo que ofrece la Educación Básica.
- Propiciar la participación de la comunidad educativa, de los gobiernos locales y regionales, de los sectores productivos, de organizaciones laborales y de la sociedad, en las actividades educativas de esta forma educativa.
- Promover una cultura emprendedora e innovadora que facilite la inserción laboral de los egresados y que los habilite para generar su propio empleo o empresa.

Además, los **centros técnicos** ofrecen estudios a bajo costo a mayores de 14 años y los interesados pueden iniciar sus estudios en cualquier momento.

Programa Integral de Desarrollo

En los cambios de Gestión de Gobierno, se tiene siempre la participación de profesionales provincianos, este hecho nos pone en una situación bastante especial, debido a que los máximos representantes del país tienen recuerdos y nostalgia de su "terruño".

La Red Cáritas está en todo el país para "promover y liderar programas de desarrollo integral, dirigido a personas en situación de pobreza o vulnerabilidad".

Estas dos situaciones nos ofrecen una oportunidad expectante y realizable si tenemos una adecuada gestión y acercamiento a los Estamentos apropiados.

Para cumplir con este cometido debemos tener una visión de largo plazo que ayude a consolidar y fortalecer los objetivos institucionales de la RED. Y para este efecto debe realizarse las siguientes actividades:

- Las Parroquias forman parte de las Diócesis y son las que están más cerca de la población y sus necesidades, por lo que deberían ser fortalecidas y/o repotenciadas para poder desarrollar adecuadamente su labor pastoral y social.
- El fortalecer las bases institucionales de una Organización significa su empoderamiento y continuidad, sobre todo si la labor que se realiza involucra directamente a los pobladores de su localidad.
- Para lograr esto, debe desarrollarse una estrategia que apoye a los grupos poblacionales con pautas que les sirvan para que ellos mismos se organicen y mantengan el quehacer y la Visión Institucional.

Frente a esta realidad, Cáritas del Perú debería convertirse en el Centro de Apoyo a las Caritas Diocesanas de tal forma que ambas organizaciones trabajen en apoyo de las 1,561 Parroquias de nuestro País y convertirlas, en lo posible, en Caritas Parroquiales. A través de un Programa Integral De Desarrollo que luego se transforme en un proyecto piloto que se pueda sistematizar y replicar a nivel nacional.

Proyectos Piloto

Las Cáritas Parroquiales son entidades vinculadas a la acción caritativa y social de la Iglesia que está animada por una opción llena de amor y solidaridad por los más pobres y marginados. Es así, que ellas buscan atender a las familias de las zonas rurales de nuestro país y que son las comunidades de base.

Por otro lado, entendemos el desarrollo integral como un proceso dinámico por el cual "las personas pasan de condiciones de vida menos humanas a condiciones cada vez más humanas, justas e igualitarias (…) debe ser integral, es decir, promover a todos los hombres y a todo hombre". Benedicto XVI dirá en Caritas in Veritate: "La vocación al progreso impulsa a los hombres a hacer, conocer y tener más para ser más".

La implementación de un proyecto buscaría el trabajo en equipo con los grupos pastorales y otros miembros de la comunidad para que incluyan las actividades que ya viene realizando la Parroquia y proponga otras actividades sociales y productivas que ayuden a un mayor dinamismo de la comunidad como a su auto sostenimiento.

Cáritas del Perú, debería promover Proyectos Piloto en diferentes rubros y brindar la asistencia técnica y administrativa a la Parroquia y comunidad que participe, a fin de implementar el Proyecto propuesto que los ayude a salir de la pobreza y les permita vivir con mayor dignidad. Así mismo, realizaría un seguimiento de la propuesta y se buscaría forjar una cultura solidaria y de valores humanos y cristianos.

Proyecto Piloto: Desarrollo Integral

Propuesta para la implementación de un Programa Piloto en Cáritas Parroquiales que genere un desarrollo integral y que se replicarían a nivel nacional.

- Propuesta para Cáritas – Ica
- Lugar: San José de los Molinos en Ica
- Población: 6 ,229
- Extensión: 36,320 hectáreas
- Actividades productivas: 1,000 has de papa, 150 has de palta, 15 has de uva; además de pecanas y maíz.

Posibilidades

1. Fortalecimiento de la asociatividad para productores de palta "Hass" para la exportación.
    - El proyecto consiste en mejorar la producción, aplicando técnicas integradas y asociando a los pequeños productores locales.
    - El objetivo es que ellos puedan vender su producto directamente a una exportadora, prescindiendo de los intermediarios que les compran a bajos precios.
    - Se contaría con el apoyo de uno de los principales agroexportadores de esa región, para brindar soporte técnico y sobre todo para garantizar la compra de los productos.
2. Creación de una escuela técnica de campo.
    - Aproximadamente el 70 % de los jóvenes que terminan el colegio no continúan estudios superiores. Y dado que la actividad principal de la

zona es la agricultura, se propone instalar una escuela técnica agropecuaria de campo. En la cual pueda enseñarse cursos como: manejo de cosechas específicamente Pecano, uva, palta y papa, manejo de plagas, riego tecnificado, utilización de energía solar, apicultura y lombricultura.

3. Instalación de una bodega comunal.
    - La zona produce uvas para pisco, pero los productores se ven obligados a vender su producto a bodegas alejadas de su localidad y las que les pagan precios muy bajos.
    - Se propone la instalación de una bodega de pisco para que los productores puedan destilar su propio pisco aumentando sus niveles de ingreso.

4. Reforestación para evitar desbordes y deslizamientos.
    - La zona cuenta con 200 hectáreas entre zonas de ribera y laderas donde puede instalarse caña Guayaquil (bambú), con la finalidad de mitigar los daños de huaicos y desbordes en temporadas de lluvia.

Socios Potenciales
- Sun Fruit
- Agrícola Ricardo
- Grupo Huamaní
- Santiago Queirolo
- Municipalidad distrital de San José de los Molinos
- Instituto Catalina Buendía de Pecho
- Universidad Nacional San Luis.

Se compartió el perfil de proyecto con empresarios locales y se les pidió una cita para explicarles el tema, **no se logró el apoyo de ninguno de ellos.**

Proyecto Piloto: Forestales y Medio Ambiente

La desforestación y el cambio climático es una realidad que desde nuestra perspectiva debía ser "atacada" en forma decidida, pero para que esto suceda se debe plantear y Ejecutar un Programa de "Plantaciones forestales para servicios ambientales y madera para el desarrollo rural del País", cuyo objetivo sea:

- Contribuir a revertir la situación de pobreza de las Comunidades Campesinas y Nativas y de los Pequeños y Medianos Productores Agrarios del País, teniendo como meta las plantaciones forestales y el manejo de purmas.

¿Qué se Tiene?

Según información del MINAGRI, el Perú posee 10.5 millones de hectáreas de tierras cuya capacidad de uso mayor es Forestal; se estima que, de estas tierras, habría disponibles unos 2 millones de hectáreas susceptibles de ser destinadas a plantaciones forestales con fines industriales, de alto nivel de productividad; con posibilidad de generar importantes fuentes de empleo y riqueza, especialmente en zonas rurales, muchas de las cuales coinciden con poblaciones pobres y muy pobres.

¿Qué se Debe Hacer?
- Generar Polos de Desarrollo Industrial, a través de la concertación del Estado y el Sector Privado (Industria y

potenciales inversionistas en plantas de transformación de la madera de plantaciones).
- Promover Alianzas Estratégicas entre Productores Agrarios dueños o Usufructuarios de las tierras con Inversionistas forestales, que se involucren en un proyecto a mediano y largo plazo; y el Estado, como garante de estas relaciones.
- Mejoramiento de la caracterización tradicional de las plantaciones, reducir la dispersión o atomización de macizos boscosos, y elevar el nivel de productividad mediante fortalecimiento de capacidades locales, transferencia de tecnologías productivas y capitalización del ámbito rural con participación activa de la población local.
- Y, con el *Soporte Institucional de la Red de las Cáritas Diocesanas, la organización y ejecución del programa a nivel nacional.*

¿Cómo se Debe Hacer?

Usando como estrategias de intervención:

- La identificación de tierras
- Elaboración de planes de desarrollo participativo (PDD)
- Zonificación ecológica con fines de plantaciones forestales
- Planes de negocios agroforestales
- Integrarse con otros sistemas de producción, como es el caso de los sistemas agroforestales, silvopastoriles o agrosilvopastoriles
- Campaña de información sistemática mostrando los beneficios de esta política de desarrollo forestal en beneficio

de las Comunidades, usuarios del bosque y del desarrollo sostenible nacional

Proyecto Piloto: Plantaciones Andinas en la Sierra.

Se debe trabajar un proyecto forestal de promoción de plantaciones andinas en las zonas pobres de la Sierra y en paralelo, armar una red de viveros forestales andinos con especies nativas.

Para estas tareas a cargo de la Red Caritas (Viveros - Plantación y Proyecto) se va a requerir profesionales, cuidando que el perfil sea adecuado a estas tareas y a la zona de aplicación, para esto los requisitos ideales serian tener profesionales forestales que:

- Conozcan la Sierra y tengan probada experiencia de trabajo con comunidades campesinas y pequeños agricultores.
- Conocimiento de planificación participativa, extensión y generación de capacidades; así como de manejo de viveros y plantaciones forestales.
- Habilidades para recopilación y sistematización de información. Diagnósticos y manejo de métodos de planificación (marco lógico).
- Y, Si hablan quechua, mejor.

Y en función de esto, se podría ver que profesionales hay disponibles en las mismas zonas.

Proyecto Piloto: Bosque Escuela

En el marco de la responsabilidad social corporativa la propuesta de Bosque Escuela es una iniciativa muy necesaria que puede cambiar paradigmas a futuro o de las nuevas generaciones.

La idea básica de este concepto pretende posibilitar las prácticas reales del estudiante en una instalación de aplicación inmediata y anexa (el bosque), lo que permitirá al alumnado asistente desenvolverse en cada una de las especialidades forestales, adquiriendo una formación que responda a las necesidades de cada actividad.

De esta manera se estaría usando "el bosque" como infraestructura para establecer un "Sistema de Formación de Promotores Forestales" de manera que los Productores Agrarios tengan la oportunidad de generar capacidades y afinar sus destrezas.

El resultado serán profesionales altamente calificados y especializados, con una buena formación integral teórica y con amplia capacitación práctica y operativa en la gestión forestal.

Hoy en día, igual que los años 70 la visión de los decisores políticos no ha cambiado mucho respecto al respeto por la naturaleza. Tampoco ha cambiado en los niveles empresariales y si se sigue escarbando, también a nivel campesino se tiene la incomprensión y poca prioridad que le asignan a los temas de conservación de suelo, flora y agua.

El inmediatismo y muchas veces la avaricia campean en todos los sectores.

Entonces, el Bosque Escuela busca el cambio de mentalidad, que a futuro permitirá una visión holística de la "casa en que vivimos" y por tanto entender mejor un desarrollo integral y sostenible.

Proyecto Piloto: Viveros Forestales

El tema de los viveros es un componente inicial de la actividad de plantaciones forestales que "atraen" y es una "herramienta" para ofrecer y vender una propuesta; pero en términos reales, lo más importante es determinar el área donde se ubicaran las plantaciones, con qué población se realizará y que actividades complementarias lo acompañarán.

El Perú ocupa el segundo lugar en extensión de bosques en Latinoamérica y noveno en el mundo, con alrededor de 78 millones de hectáreas de bosques es considerado como un país altamente biodiverso.

Sin embargo, estas áreas boscosas vienen siendo impactadas negativamente por la deforestación, resultando solo en el 2018 un total de 154,766 has perdidas según el Sistema Nacional de Información Ambiental-SNIA.

Por lo que, en aras de buscar alternativas de solución para la recuperación de las áreas degradadas y poner en valor la diversidad biológica como estrategia de desarrollo, en los últimos años ha surgido el interés del gobierno peruano y del sector privado de apostar en las plantaciones forestales como uno de los motores de la economía en la lucha contra la pobreza, deforestación del bosque natural y el cambio climático.

Es así que, esta propuesta busca generar una iniciativa para poner en valor las tierras forestales, mejorar la calidad de vida de las personas y generar servicios ambientales a través del desarrollo de viveros forestales tecnificados que produzcan plantones de calidad, y aseguren el éxito de los proyectos de reforestación.

Teniendo como fortaleza la presencia de la RED CÁRITAS en todo el territorio nacional.

Los viveros que se instauren tendrían como objetivo general el promover acciones de reforestación y restauración forestal en el país mediante la implementación de viveros forestales tecnificados en la jurisdicción de las Cáritas Diocesanas, las Parroquias y las Municipalidades Locales, para contribuir al desarrollo sostenible.

Y como objetivos específicos:

- Identificar potencialidades dentro de la red de Cáritas Diocesanas para la implementación de viveros forestales y producción de plantones con estándares de calidad.
- Determinar las especies forestales nativas y exóticas a propagar según los diferentes fines de plantación y región.
- Generar capacitación técnica sobre el manejo en viveros a la población local.
- Generar alianzas estratégicas con el sector público y privado para el suministro de plantones en los diferentes proyectos de reforestación.
- Identificar y diseñar propuestas de proyectos productivos complementarios para la generación de múltiples beneficios a la comunidad.

En la actualidad casi todos los trabajos de reforestación incluyen especies exóticas como el pino y eucalipto especies de las cuales se han desarrollado sus paquetes tecnológicos y se apuesta por su plantación en grandes macizos.

Sólo algunas especies nativas son consideradas, dentro de estas pocas, tenemos el aliso (alnus accuminata), el quinual (polylepis racemosa), el quishuar (budleja incana) por referirnos a especies de la sierra o el algarrobo (prosopis pállida) en la costa.

Esto a pesar de que el Perú cuenta con un número de árboles que están alrededor de 2,500 especies, de las cuales se conoce poco y por lo mismo son subutilizadas.

Ante la amenaza del cambio climático, es necesario proteger la biodiversidad, sobre todo en ecosistemas tan vulnerables como los que tiene el Perú. Dicha biodiversidad representa, además, oportunidades de diversificación económica para los pobladores locales.

Por otro lado, es necesario considerar el exceso de plantaciones de pino y eucalipto, lo que está ocasionando controversia en los llamados "desiertos verdes", pues no se considera el balance hídrico en las cuencas donde se hace reforestación con estas especies y donde al final la demanda de agua de estas especies termina siendo mucho mayor a lo esperado, generando escases hídrica.

Se debe orientar los esfuerzos a identificar propuestas con enfoque ecosistémico de manera a restaurar el paisaje mediante plantaciones con especies andinas, conservación de relictos boscosos y bofedales, orientados a la cosecha de agua, mitigación contra el cambio climático y acciones de adaptación disminuyendo la erosión.

Mediante la promoción de la reforestación y restauración de ecosistemas forestales, se contribuiría a la mejora del medio ambiente, retención y disminución de la degradación de los suelos, mitigación y adaptación frente al cambio climático al mismo tiempo de generar una fuente de ingreso económico a la familia o comunidad.

Proyecto Piloto: Árbol de la Quina (cinchona sp)

El 4 de Junio del 2020 se aprobó "El Plan de Acción para el Repoblamiento Forestal 2020-2022" aprobado mediante la Resolución Directoral Ejecutiva N.º 067-2020-MINAGRI-DVDIAR-AGRO RURAL que comprende reforestar y recuperar el árbol de la "Quina" en 10 departamentos del país: Amazonas, Cajamarca, Cusco, Huánuco, Junín, Lambayeque, Lima, Pasco, Piura y Puno".

Nuestro país es considerado como el centro de diversidad genética de este género al poseer 17 de las 24 especies que existen en el mundo, paralelamente el INIA, como parte del "Plan Bicentenario del Perú rumbo al 2021" viene trabajando en el mejoramiento de su calidad.

Y la RED Cáritas en su Plan Estratégico indica: "Orientados a conseguir los objetivos del Plan Estratégico 2011-2020 de la Red Cáritas dentro de las líneas de acción: Rehabilitación y mejoramiento de los recursos naturales y del medio ambiente y promoción de programas de forestación y reforestación".

Puede verse que todo lo señalado para el árbol de la Quina encaja dentro de los lineamientos institucionales de Cáritas, por lo que debería tenerse como un Proyecto Piloto en las Cáritas Diocesanas de los departamentos antes señalados, la propuesta de:

La Revaloración del árbol emblemático del Perú "Quina"

Cuyo Objetivo sería Revalorar el árbol de la Quina como especie nativa de importancia histórica, cultural y medicinal a nivel nacional.

Y la Propuesta para la Red Cáritas en el Perú, considerando la distribución natural de la "quina" en los departamentos señalados en la Resolución Directoral nos muestra las zonas de influencia en los Departamentos de distribución natural de "Quina" antes señalados. Y para lo cual se propone:

- Con miras al bicentenario del Perú (2021), instalar parcelas demostrativas de manejo del árbol emblemático del país "quina" para el fortalecimiento de capacidades de la Red Cáritas Perú.
- Promoción de instalación o rehabilitación de viveros forestales para la producción de plantones de quina en trabajo conjunto con las comunidades presentes en las Cáritas Diocesanas potenciales.
- Promoción de programas de reforestación en sistemas agroforestales y sistemas de enriquecimiento de los bosques en alianza con SERFOR, INIA, Universidades y demás entidades interesadas.
- Rescatar la importancia medicinal y cultural del "árbol de la quina", pudiendo brindar alternativas de negocio para la

producción de quinina y otros alcaloides de uso medicinal y alimenticio de origen natural actualmente importados
- Promover el conocimiento del "árbol de la quina", el cual es de importancia nacional, cultural e histórica en escuelas y colegios; con apoyo y capacitación de voluntarios Young Cáritas de cada región mediante charlas y talleres educativos.

De esta Manera Cáritas estaría cumpliendo su programa de rescatar los valores comunales y locales de nuestra insignia y emblema Patrio.

Proyecto Piloto: Adopciones y/o Hermanamiento

La presencia nacional e internacional de Cáritas a la RED le da una fortaleza que debía aprovecharse para potenciar a los pueblos más alejados y más vulnerables de nuestro país por esta razón debe buscarse la forma de involucrar a los actores nacionales e internacionales en este hecho; *como consecuencia de esto debía implementarse las adopciones, en el ámbito nacional y el hermanamiento en el ámbito internacional.*

¿Y quiénes deben ser los actores que se involucren en estos hechos?: **la empresa privada y las Cáritas Internacionales.**

Empresa Privada

La empresa privada, se encuentra en TODO el País, la que sumada a la presencia de la Red Cáritas en las 24 Regiones nos ubica en una real descentralización que debía potenciarse con la "agilidad" debida que tiene la actividad privada, haciendo uso de las herramientas que el Estado pone para el desarrollo integral de nuestro País.

Adopciones

Los Empresarios, los Grupos Empresariales y las Cáritas de todo el país debían efectuar alianzas estratégicas para conseguir un trabajo conjunto para "El Desarrollo Integral de los Pueblos más pobres del País", de modo que contribuyan a revertir la situación de pobreza de la población de las comunidades más necesitadas.

El producto de estas Alianzas debe aterrizar en *la "Adopción de los pueblos por parte de las empresas privadas en su zona de influencia"*.

¿Y Cómo se debe actuar?
- Identificar el Pueblo "beneficiario"
- Elaborar un Programa que dinamice la Economía Local
- Involucrar a la Población en la búsqueda de programas productivos que satisfagan sus necesidades.
- Diseñar estrategias educativas que posibiliten la participación de los ciudadanos.
- Integrar la Agroecología a los programas de desarrollo.
- Promover la construcción y/o reconstrucción de ciudades modernas y que mantengan sus costumbres y tradiciones ancestrales para no perder identidad.
- Presentación de los programas a las autoridades locales, para su conocimiento y participación

Cáritas Internationalis

"La Confederación Cáritas Internationalis es el mayor organismo humanitario a nivel mundial presente en más de 200 países y territorios" y Cáritas del Perú forma parte de esta Organización.

Hermanamiento

Por definición: "El Hermanamiento entre ciudades permite el intercambio de iniciativas y experiencias de desarrollo económico, social, artístico y cultural, así como el impulso tecnológico y de pasantías del personal técnico entre ambos".

Esta iniciativa trasladada a nuestras Cáritas y/o Parroquias, nos dan la posibilidad de compartir institucionalmente hablando la experiencia que se tiene en todo el mundo como Cáritas.

El marco normativo para el Hermanamiento institucional está respaldado en nuestro País por la Constitución y el Código Civil, en los mismos que se encuentra lo siguiente:

Constitución Política del Perú
- Artículo 2, Inciso 13.- Toda persona tiene derecho a asociarse y a constituir diversas formas de organización jurídica sin fines de lucro sin autorización previa y con arreglo a ley.

La figura legal de las Cáritas Diocesanas es la de Asociación sin fines de lucro, como personas jurídicas a su vez pueden asociarse – hermanarse – para cumplir sus objetivos comunes plasmados en sus propios estatutos que son las normas que las rige.

Código Civil Peruano
- Artículo 80.- La asociación es una organización estable de personas naturales o jurídicas, o de ambas, que a través de una actividad común persigue un fin no lucrativo.

El Hermanamiento puede adoptar la figura de Asociación que establece el Código Civil, el cual se formalizaría mediante un Convenio de Cooperación entre las partes.

Desde Cáritas del Perú se ha trabajado con el área de Planeamiento Social y Económico, una clasificación y categorización de las 47 Cáritas Diocesanas, con el objeto de hacer de conocimiento de los "Hermanos Mayores" de la Red de Cáritas Internationalis, quienes son los "Hermanos Menores" que requieren de su apoyo, vía el Sistema de Hermanamiento.

La respuesta a esta iniciativa ha sido: "La estrategia es interesante y va a impulsar a las diocesanas para que se pongan protagonistas en la promoción y difusión de actividades productivas, con acompañamiento y asesoramiento por parte de Cáritas del Perú. Una muy linda visión para un futuro menos asistencial y más de desarrollo".

CUARTA PARTE: GENERANDO ESTABILIDAD

La Constitución Política del Perú el Título III, principios generales del Régimen Económico, en los Artículos 58, 59 y 60 nos señala:

Artículo 58.- Economía Social de Mercado

"La iniciativa privada es libre. Se ejerce en una economía social de mercado. Bajo este régimen, el Estado orienta el desarrollo del país, y actúa principalmente en las áreas de promoción de empleo, salud, educación, seguridad, servicios públicos e infraestructura"

Artículo 59.- Rol Económico del Estado

"El Estado estimula la creación de riqueza y garantiza la libertad de trabajo y la libertad de empresa, comercio e industria. El ejercicio de estas libertades no debe ser lesivo a la moral, ni a la salud, ni a la seguridad pública. El Estado brinda oportunidades de superación a los sectores que sufren cualquier desigualdad; en tal sentido, promueve las pequeñas empresas en todas sus modalidades."

Artículo 60.- Pluralismo Económico

"El Estado reconoce el pluralismo económico. La economía nacional se sustenta en la coexistencia de diversas formas de propiedad y de empresa.

Sólo autorizado por ley expresa, el Estado puede realizar subsidiariamente actividad empresarial, directa o indirecta, por razón de alto interés público o de manifiesta conveniencia nacional.

La actividad empresarial, pública o no pública, recibe el mismo tratamiento legal".

Presidencia del Consejo de Ministros (PCM)

"La Presidencia del Consejo de Ministros es el Ministerio responsable de la coordinación de las políticas nacionales y sectoriales del Poder Ejecutivo. Coordina las relaciones con los demás Poderes del Estado, los organismos constitucionales, gobiernos regionales, gobiernos locales y la sociedad civil".

Misión

La PCM promueve, coordina y articula políticas nacionales con las Entidades del Estado, la Sociedad Civil y el Sector Privado, de manera participativa, transparente y concertada, ejerciendo rectoría sobre procesos de Modernización y Descentralización, Gobernanza e Inclusión Social y Económica.

Visión

La PCM es una organización moderna y competitiva, reconocida por su excelencia y liderazgo en la gestión pública, que contribuye al logro de un Estado Moderno, Inclusivo, Descentralizado y Competitivo.

Esto nos indica su papel de <u>coordinador integral</u> de las funciones públicas y privadas.

Subsidiariedad

En la Doctrina Social de la Iglesia se entiende por principio de subsidiariedad el principio en virtud del cual el Estado sólo debe ejecutar una labor orientada al bien común cuando advierte que los particulares o los organismos intermedios no la realizan adecuadamente, sea por imposibilidad o sea por cualquier otra razón.

> En el Artículo 60 de la Constitución se nos señala: Sólo autorizado por ley expresa, el Estado puede realizar subsidiariamente actividad empresarial, directa o indirecta, por razón de alto interés público o de manifiesta conveniencia nacional.

El principio de subsidiariedad como herramienta de gestión establece que un grupo de mayor tamaño no debe ejercer funciones que puedan ser desarrolladas eficazmente por otro de menor rango, sino apoyar a éste último y ayudar a coordinar sus actividades con las de toda la comunidad.

De acuerdo a lo anteriormente señalado, la subsidiaridad no sólo debe ser "ayuda" sino un "aprovechamiento y cooperación como apoyo, promoción y desarrollo" de los grandes hacia los pequeños en los lugares más alejados de nuestro país, para lograr eficiencia en su actuar, sin incurrir en gastos adicionales, por estar "los pequeños" ya instalados en el lugar que se desea potenciar.

Y la Red Cáritas está en todo el País realizando labores y actividades Sociales y Económico Productivas

¿Qué significa ser un inversionista?

La definición básica de inversionista es: persona que invierte caudales en aplicaciones productivas o emplea su tiempo de alguna manera productiva.

Todo esto independientemente del tipo de actividad en la que intervenga, el lugar, el tipo de empresa o la forma societaria que adopte.

De igual manera, a la pregunta de que busca un inversionista, independientemente de su procedencia, creo que podemos coincidir en que no solo busca una rentabilidad económica sino también su satisfacción personal, para lo que se requiere de estabilidad política, social, económica y laboral.

¿Cómo generar estas condiciones?

Creando las reglas necesarias y suficientes para garantizar un clima de estabilidad que perdure.

Este enunciado para el caso del inversionista extranjero, puede notarse con mucha claridad que es motivo de bastante preocupación y cuidado en conseguirlo, por parte de quienes manejan el gobierno central, (aún en este hecho, necesario de por sí, puede notarse las consecuencias del centralismo que sólo tiene ojos para aquello que le atañe directamente, la macroeconomía y el mundo globalizado para captar capitales en competencia con otros mercados), tanto así que se está analizando la eliminación de los sobrecostos que tanto afligen a los inversionistas cercanos a los grandes mercados.

Pero ¿qué sucede con los "pequeños" capitales que se mueven dentro del país y/o quisieran trasladarse al interior, a nuestro Perú profundo? tendrán que seguir soportando además los sobrecostos que la distancia a los mercados (flete a la materia prima y flete para el producto terminado) y la infraestructura vial le impone? o tendrán que seguir ejerciendo su papel de recaudadores de impuestos aun a costa de su propia liquidez y capital? (el pago del IGV adelantado sin haber terminado de cobrar los créditos que otorgó).

Nuestro socio invisible (el Estado) en toda aventura empresarial, ¿estará dispuesto a portarse como un buen socio cuando es necesario imprimir nuevos capitales ya sea vía préstamos y/o aportaciones de capital fresco? se hará finalmente visible en algunas actividades al interior del país?

Para este efecto, ¿no sería el mejor medio la Municipalidad potenciada con todas sus facultades para cumplir con eficiencia su rol promotor?, ¿significará esto un retroceso frente a la corriente universal de las reglas del mercado y la democracia?, finalmente, ¿cómo promover sin tener las herramientas necesarias y suficientes?

La respuesta a estas preguntas, así como al enunciado inicial debe partir de un supuesto:

"A mayor distancia de los centros poblados (mercados) mayores facilidades para compensar costos y beneficios con aspiraciones y oportunidades".

Aunque esto suene a "una letanía" por los "posibles efectos distorsionantes o discriminatorios" que ocasionaría, ¿acaso no es también cierto que, en todos los países hoy Desarrollados, la ruta del crecimiento hacia el desarrollo no ha tenido que pasar por alguna diferenciación en sus Mecanismos?

Frente a esto ¿qué se debe hacer?... poner a pensar a todas las mentes brillantes que salieron de cada uno de los rincones de nuestro país y que supieron y demostraron tener condiciones suficientes para asentarse y ganar las grandes ciudades con todas sus adversidades, si en ése momento pudieron hacerlo, frente a un reto tan grande, ¿por qué ahora que se les necesita, no van a poder poner toda su capacitación, su experiencia y lucidez en analizar e identificar una oportunidad para su terruño, apoyando de esta manera la gestión municipal?

La Ley Orgánica de Municipalidades tiene como característica, tal vez la más importante, el ser una norma impulsora del proceso de descentralización que se vive en el país, promoviendo el desarrollo social de los pueblos. Si este concepto es visualizado como el norte hacia el que se debe dirigir toda la Organización Municipal, se estará reforzando y complementando la labor de descentralización iniciada por el Gobierno Central.

Y más cercano, si tenemos en cuenta lo señalado en el artículo 2º de la Ley Marco de Promoción de la Inversión Descentralizada, donde se enumera, <u>las Garantías a la Inversión Descentralizada.</u>

Mencionándose que los tres niveles de Gobierno deben respetar los criterios y garantías para generar la estabilidad, siendo quizás lo más importante *lo señalado en el rol de subsidiaridad del Estado y la celeridad en los procedimientos administrativos para la promoción de la inversión privada*; indicándose con mayor precisión: "el Estado en todos sus niveles de gobierno <u>garantiza la estabilidad jurídica</u> para la inversión privada descentralizada con arreglo a la Constitución y las Leyes".

Así mismo la Ley de Bases de la Descentralización Ley N.º 27783 Artículo 4.- principios generales, señala: la descentralización se sustenta y rige por los siguientes principios generales: a) Es permanente, b) Es dinámica, c) Es irreversible, d) Es democrática, e) Es integral y f) **Es subsidiaria**: *Las actividades de gobierno en sus distintos niveles alcanzan mayor eficiencia, efectividad y control de la población si se efectúan descentralizadamente. La subsidiariedad supone y exige que la asignación de competencias y funciones a cada nivel de gobierno sea equilibrada y adecuada a la mejor prestación de los servicios del Estado a la comunidad.*

Luego de toda esta revisión, el reto es plantear un nuevo esquema para el trabajo en las pequeñas patrias de nuestro país, pues también existen otro tipo de instituciones como Cáritas que se encuentran en todo el Perú y al ser las Municipalidades también una forma de Gobierno Local y tener sus propias reglas de juego, para afianzar no sólo la gestión local, sino el desarrollo integral de los pueblos, con la participación de las Cáritas y Parroquias locales.

Y de esa manera realmente transformarse en el motor del cambio que debería "generar estabilidad" a los inversionistas "foráneos" que se acojan a programas promovidos por los Gobiernos Locales dentro de un esquema de "retorno de inversionistas" que involucre, con profesionalismo, todas las reglas de juego hasta ahora planteadas.

Programa del Retorno

Los que salimos y nos encontramos "empantanados" en las grandes ciudades, si analizamos con tranquilidad la normatividad y la legislación vigente, en relación con la descentralización y su deseo de implementación permanente y al mismo tiempo observamos que existe una institución como Cáritas que está en todo el país con la solvencia y prestigio que tiene en el apoyo a los más vulnerables de nuestro país, deberíamos analizar la presencia de estas dos potencialidades para planificar el RETORNO al lugar de nuestra procedencia, buscando integrar el lugar de nacimiento con el lugar de nuestra residencia y así lograr un programa real de integración comunitaria.

La Nostalgia por el Retorno

La nostalgia puede ser un buen motor para impulsar a los que quieren retornar, pero al mismo tiempo puede ser muy frustrante si no se tiene la cantidad de dinero ni las facilidades para hacerlo; sin embargo estas limitaciones no amarran nuestras potencialidades intelectuales, por lo que la vía que tenemos, los que no disponemos de dinero, será la de convertirnos en EMPRENDEDORES, a partir de la identificación de las necesidades locales, en el tema de nuestra especialidad en nuestros lugares de origen, las que adecuadamente manejadas deben convertirse en oportunidades de inversión y nosotros en sus Promotores.

Pero en este marco, deberíamos buscar al socio ideal para llevar adelante esta iniciativa, y es allí donde debe intervenir el Socio que siempre tuvimos, y no pudimos utilizarlo, pero que recién se encuentra adecuadamente facultado para ejercer ese papel, <u>nuestras municipalidades</u>, en su condición de promotoras del desarrollo local y <u>las Parroquias por su cercanía al pueblo.</u>

Interacción y Consecuencias

Desde una perspectiva agronómica, los que salieron, son nuevas plantas que dependiendo del tiempo que tienen en los lugares de residencia, se han fijado y han echado raíces que generalmente son más difíciles de extraer para "trasplantarlos" tan fácilmente hacía los lugares donde nacieron. Sin embargo, como están tan fuertemente ligados a sus costumbres y vivencias, especialmente las alimentarias, éstas generan hábitos y necesidades que deben ser satisfechas en estos nuevos lugares, con productos locales y/o sustitutos.

Lo mismo sucede con la segunda generación de los migrantes ya que ellos crecieron y están hechos a una nueva realidad, pero con la distorsión de sus progenitores, generándose de esta manera un "nicho de mercado" que debería ser aprovechado, no mediante el retorno físico, sino a través del eslabonamiento de estas necesidades con las potencialidades de los lugares que dejaron.

Los Facilitadores del Retorno

Si se consultase a los que remesaron en el 2017, la suma de 3,039.1 millones de dólares a nuestro país, si tuviesen la oportunidad de remesar la misma cifra para apoyar actividades productivas que generen fuentes ocupacionales para sus familiares, seguramente que la respuesta sería afirmativa, sin embargo pondrían y exigirían un mínimo de condiciones, esto es: que existan proyectos identificados y que se generen facilidades complementarias de financiamiento y estabilidad para sus inversiones.

En forma complementaria a este hecho, debería proponérseles a las Instituciones financieras, que ellas participen en la canalización de estos fondos, ofreciendo como un sub - producto para captar más de estos recursos, la promoción de oportunidades identificadas, para lo que deberían destinar un fondo revolvente como Capital de Riesgo, que sirva para potenciar el éxito de los proyectos elaborados, tomando un porcentaje minoritario de las participaciones, hasta que este despegue.

Indudablemente, que el gran reto será para las municipalidades, en su nuevo papel de promotores del desarrollo local; pero con toda esta interacción se estaría consiguiendo que los que salieron retornen en condición de inversionistas o consultores apoyando a los profesionales que quedaron, los que, en su condición de emprendedores, estarían contribuyendo a una real descentralización, apoyando al repotenciamiento de los gobiernos locales y lográndose de esta manera una real descentralización.

Como conclusión puede señalarse que con esta alternativa se tiene las dos opciones del retorno, el retorno físico para invertir y conducir sus negocios (con todas las implicancias que esto significa) y el retorno como inversionista, no necesariamente con traslado físico de él y su familia, sino en su condición de el eslabón de un nicho de mercado identificado, en el lugar de su residencia con el lugar donde nacieron.

QUINTA PARTE:
EDUCANDO PARA LA GESTIÓN

El manejo de toda empresa, cualquiera sea su característica en tamaño o capacidad, en la actualidad se torna complicado, debido a la competencia generada por la globalización y la presencia más cercana de los mercados por los medios de telecomunicación.

En una situación como ésta, ¿qué implica una gestión municipal?, ¿qué aspectos tiene?, ¿cuál es su ámbito?, ¿qué roles debe cumplir?, ¿qué herramientas debe manejar? y ¿cómo debe evaluarse la gestión municipal?

Todo este nuevo escenario, requiere de nuevas y mejores herramientas para la conducción y gestión empresarial; ¿estarán las municipalidades preparadas? y de ser así que porcentaje de las 1,874 municipalidades ¿tienen qué grado de preparación y/o actualización?

Si existiese un diagnóstico que responda a todas estas interrogantes, posiblemente nos daría una clasificación muy especial, donde podría notarse la gran diferencia y distancia entre las Municipalidades, mostrándonos un porcentaje relativamente pequeño con buen potencial humano y quizás altamente calificado; sin embargo la gran mayoría de municipios, que tienen iguales responsabilidades frente a la población que sirven, seguramente se encuentren carentes de todo, no sólo en personal sino incluso en equipamiento.

¿Pero, estarán observando a su mejor aliado? a la ¿Cáritas local y la Parroquia?

Pero este hecho no solo es una debilidad, sino también un reto y *una oportunidad que debe ser aprovechado por los que se encuentran en la labor empresarial de la educación,* quienes deberían incrementar su esfuerzo y creatividad para ir educando y/o actualizando a los Gestores de esta nueva realidad.

Como sugerencia quizás la señal de televisión del Estado (RTP) podía tomar la posta con alguna de las Universidades y dictar durante tres horas semanales, un curso de Gestión Municipal. Y los municipios "obligar" a sus servidores a seguir el curso.

¿Y en Cáritas que se está haciendo?

La estructura orgánica institucional, nos muestra una Organización a nivel nacional con un ente coordinador a nivel general (Cáritas del Perú) que les da un apoyo logístico y asesoramiento para que se sientan comprometidos y/o tengan claro cuáles son los objetivos y fines de la organización, estando al servicio de las poblaciones más vulnerables del país.

En este contexto, con la experiencia adquirida y más de 64 años brindando apoyo a través de proyectos y programas alrededor del Perú, la Unidad de Apoyo a las Cáritas Diocesanas ha visto conveniente desarrollar dos manuales dirigido a las Cáritas para que identifiquen los aspectos necesarios que fortalecerán sus capacidades y procesos de gestión.

Manual para el Fortalecimiento Administrativo de las Cáritas Diocesanas

El objetivo fundamental de este Manual es señalar a los Secretarios Generales de las Cáritas Diocesanas, Gerentes de Línea y Colaboradores cuales son los aspectos necesarios con los que deben contar para cumplir la Misión y Visión de la Red Cáritas en el Perú.

Así mismo, este documento pretende también ser un elemento de apoyo a la gestión de quienes se integren a la familia de Cáritas y los que ya pertenecen a ella. Por lo que se tocan los temas sobre Formalización, Documentos Institucionales, Colaboradores, Imagen Institucional, Infraestructura y Equipamiento, Proyectos y Sistematización de la Información. Los cuales son considerados como los aspectos más relevantes que las instituciones que conforman la Red de Cáritas en el Perú deben de cumplir.

Objetivos del manual:

- Definir las condiciones necesarias para que las Cáritas Diocesanas realicen sus actividades formalmente y de la mejor manera.
- Apoyar al fortalecimiento de la gestión administrativa de la organización en todos los niveles.
- Orientar roles, acciones y procedimientos dentro de las Cáritas Diocesanas

Manual para Viveros Forestales

Se estima que la superficie para reforestar en el Perú estaría alrededor de los 10,5 millones de hectáreas de la cuáles 7,5 millones están en la sierra, 2,5 millones en la selva y 0,5 millones en la costa.

Por lo que el manejo de viveros forestales para la producción de plantones de calidad es un componente importante; esta etapa es considerada clave para optimizar la calidad de plantones a menores costos y que aseguren su éxito en campo definitivo. Buscando lograr mejores tasas de supervivencia y crecimiento de las plántulas para cumplir dichas metas de reforestación.

Es así que, el manual busca ser de fácil lectura como apoyo técnico en el proceso de manejo de plántulas en viveros forestales de plántulas nativas y locales, en todo el país, dirigidos por las Cáritas Diocesanas junto con las comunidades locales, los promotores técnicos y escuelas, entre otros de tal forma que se fomente la producción de plantones de calidad para asegurar el éxito de los proyectos de reforestación con plántulas originales y locales.

SEXTA PARTE: APROVECHANDO LAS OPORTUNIDADES

La diversidad de nuestro país en costa sierra y selva hace que la gestión del mismo sea complicada y difícil por su ubicación y accesibilidad de los diversos pueblos y distritos, sin embargo, la presencia de una Organización como la Red Cáritas, y las Municipalidades Distritales, les dan una oportunidad a los gestores nacionales de llegar a los últimos rincones de nuestro país.

Como consecuencia de lo mencionado, se plantea un Sistema de Identificación y Promoción de Oportunidades para lograr una real Descentralización con Caridad.

"¿Cómo movilizar a las Dependencias Estatales del País, a más de un millón profesionales provincianos en Lima y a las 1874 municipalidades del todo el país, para trabajar conjuntamente en un programa destinado a luchar contra la pobreza?"

La inquietud antes expresada, nos motivó a buscar un elemento común, a estos grandes grupos de actores para el desarrollo del país (aparte de la pobreza que nos uniformiza y hermana a gran parte de la población).

> Y la respuesta que se nos presenta es:
>
> El centralismo, la gran riqueza intelectual de quienes salieron a calificarse, la presencia activa de la Red Cáritas y las 1,561 Parroquias en todo el Perú.

Para este efecto, planteamos un GRAN RETO para una verdadera descentralización, pues consideramos que las leyes como tal no son garantía suficiente para una apropiada descentralización, sino la voluntad y el accionar de sus habitantes.

Por lo que deberíamos trabajar en un *proyecto para una real descentralización en el país a través del principio de <u>subsidiaridad</u> a la Red Cáritas instalada en todo el Perú y al retorno de emprendedores e inversionistas a su lugar de origen, dentro de un esquema de* **Descentralización con Caridad,** apoyados en un sistema de identificación y promoción de oportunidades de inversión promovido en sus ámbitos de acción por los Gobiernos Locales.

Sistema de Identificación y Promoción de Oportunidades

Nuestro esquema de trabajo pretende involucrar a las Dependencias Estatales bajo el principio de subsidiaridad ya que, conforme a este principio, todas las sociedades de orden superior deben ponerse en una actitud de ayuda («subsidium») por lo tanto de apoyo, promoción, desarrollo respecto a las sociedades menores; lo cual está señalado en el Artículo 60 de nuestra Constitución.

Desde esta perspectiva si se ve el principio de subsidiariedad como herramienta de gestión se establece que un grupo de mayor tamaño y peso no debe ejercer funciones que puedan ser desarrolladas eficazmente por otro de menor rango, sino apoyar a este último y ayudar a coordinar sus actividades con las de toda la comunidad.

Para lograr este objetivo debe trabajarse en dos escenarios conjuntamente, el primero en la Capital de la Republica peruana y el segundo en el Resto del País.

En Lima, donde se tiene más de un millón de profesionales provincianos, que llegaron a capacitarse con intención, posiblemente de retornar para impulsar el desarrollo de sus pueblos, Cáritas del Perú debe convocarlos a través de sus Organizaciones representativas, los Clubes Departamentales, Provinciales, Distritales, etc. Tratando de que cada uno de ellos, en el tema de su especialidad, identifique una necesidad insatisfecha en su localidad; de esta manera toda esta riqueza intelectual, y ellos como emprendedores, deberían convertir estas deficiencias en reales Oportunidades de Inversión para cada uno de los lugares de donde salieron.

En el interior del país, las Cáritas Diocesanas, a partir de las necesidades de su localidad, deberían desarrollar uno o más proyectos piloto en ciudades representativas, con su Gobierno Local; y sus experiencias ser sistematizadas para su aplicación posterior en el resto de las Municipalidades del país; a las que se les debe prestar asesoría y capacitación en las áreas de Gestión, Coordinación Institucional e Identificación de Oportunidades de Inversión, por un periodo de 12 meses, tiempo en el que además se debe dejar organizada e implementada la Oficina Municipal de Coordinación y Promoción Empresarial en su jurisdicción.

Las oportunidades de inversión identificadas, por acumulación nos deben dar un Mapa de Riqueza Potencial y Oportunidades, las que serán promovidas en el Mercado, VIA Internet en una página web (qoripacha.com). La misma que serviría para promover y cerrar negocios entre los posibles inversionistas y los emprendedores, en las ruedas de negocio que la Institución Promotora realice periódicamente.

Los productos (tangibles) resultantes deberían ser:

- Red de Oficinas Municipales de Coordinación y Promoción Empresarial (o Institutos de Fomento Municipal para el Desarrollo Económico Local) interconectadas.
- Directorios Provinciales de las Instituciones que se encuentran laborando en el área de influencia Municipal.
- Listado de deficiencias y necesidades en el ámbito geográfico municipal
- Clasificación de municipalidades Distritales en categorías de acuerdo a sus reales potencialidades, así como sus necesidades y exigencias de capacitación (perfil de necesidades educativas distritales).

Lo que como consecuencia nos daría una manera distinta de visualizar el Perú, a través del Mapa de Riqueza Potencial y

Oportunidades (qoripacha.com), a través del cual la Red Cáritas y los Gobiernos Locales, promoverían y difundirían las Potencialidades de nuestro País.

Así mismo en el marco del proceso de descentralización y conforme al criterio de subsidiariedad, el gobierno más cercano a la población es el más idóneo para ejercer la competencia o función que se necesita, por lo cual las otras instancias de Gobierno no deben hacer aquello que puede ser ejecutado por la Municipalidad y Cáritas en el Perú.

Finalmente, en esta era de las comunicaciones en tiempo real se tiene como una herramienta muy importante de la globalización: el Internet que debería ser el medio de comunicación.

SETIMA PARTE: DESCENTRALIZACIÓN CON CARIDAD

Sabemos que el proceso de descentralización debe ser lento y gradual, pensando en las funciones del Estado descentralizador; sin embargo este proceso debe ser "apoyado" o mejor aún "forzado" por quienes permanentemente siembran las semillas para la generación de riqueza a través de la identificación de oportunidades en los espacios más alejados de nuestro país, lugares donde se encuentren "los nichos de oportunidad y potencialidades" que en este nuestro Perú son muchos, variados y abundantes.

Pues si esperamos que el centralismo nos entregue lo que desea (o no) estaríamos como siempre en la actitud pasiva de ver que es lo que sucede con nuestro futuro y por lo tanto con el futuro del País y de nuestros Hijos.

En este sentido, la *subsidiariedad* está muy relacionada con prácticas como la delegación de poder. Delegación concebida como un medio para obtener mejores resultados o ventajas competitivas en los lugares más alejados del País. Y de esta manera se estaría logrando una movilización masiva de los que salieron, los que, junto con las Autoridades Municipales, logren una convocatoria y afluencia de inversionistas (PYMES) hacia las ciudades del Perú profundo.

Estas iniciativas se asemejan a la labor de las pequeñas raicillas de un Gran árbol, que cuanto más grande y frondoso quiera ser, **mayor ayuda de las raíces pequeñas debe tener**, porque eso significa succión de nutrientes, fijación y permanencia en el tiempo, en una palabra: SUPERVIVENCIA.

Dentro de este esquema una **Descentralización con Caridad** es una gran aventura, pero aventura de la más interesante, pues al realizarse lo haría en un Gran escenario, en nuestro "terruño"; pues así existan errores y desaciertos, el capital inyectado se quedaría en casa generando fuentes ocupacionales, para la comunidad. Y fuentes ocupacionales que si prosperan estarán forzando (ayudando) a que el sistema se apresure en lo irreversible: el de la Descentralización que este país por mucho tiempo está reclamando.

El Corto, Mediano y Largo Plazo

El tiempo y las oportunidades están definidas por la capacidad de visualizarlas e identificarlas cuantitativamente, pero esto sólo se realiza con capacidad profesional y/o calificación en formación, siendo esta quizás la más importante, que lo dan el sistema profesional y los que integran esta población.

Sin pretender ser elitista, podemos señalar que incluso los que salimos tenemos además de la formación profesional, que de repente no nos llevó a nada, las potencialidades que sólo la supervivencia nos da, pero este potencial debe ser aprovechado de la mejor manera, no sólo por las personas naturales en su conjunto sino por las organizaciones que los formaron y "dizque" las representan, porque si no parecería un trabajo irresponsable de su parte.

En esta medida, el sistema tiene componentes de corto, mediano y largo plazo que involucra a "las fábricas de profesionales" (¿Universidades?), a los profesionales en sí y a su "terruño" o lugar de donde salieron para calificarse, teniendo por lo tanto estos elementos igual responsabilidad frente a la Sociedad por "lo que hicieron" con este conjunto de ciudadanos de este País.

Desde esta perspectiva podemos visualizar nuestro Sistema para identificar las Oportunidades de Inversión que este nuestro País nos presenta, así como la promoción de los mismos, en grandes grupos perfectamente identificados: las universidades, los que salieron a capacitarse, los Gobiernos Locales, la Red Cáritas y las Parroquias que estuvieron siempre junto a ellos y a la comunidad.

Desde esta perspectiva la labor que debía realizar cada uno de ellos es el siguiente:

Los Profesionales Provincianos

Siguiendo este esquema, nos podemos preguntar, ¿qué están haciendo los profesionales provincianos en el tema de su especialidad?, ¿estarán manejando organizaciones importantes en el lugar de su residencia? o ¿estarán sirviendo como personal subalterno, donde se encuentran, a pesar de tener condiciones de liderazgo en su localidad para su especialización?

Por esta razón el reto debe ser, que cada profesional, en el área de su especialidad identifique las necesidades y deficiencias que existen en su terruño y pensando en las posibles soluciones estas se conviertan en oportunidades, las que convenientemente promovidas, por sus gobiernos locales, deban propiciar un retorno de emprendedores y/o inversionistas.

Si quisiéramos aprovechar al máximo todas estas potencialidades y capacidades, veríamos que tenemos una gran riqueza intelectual provinciana, pues se tiene más de un millón de profesionales "empantanados" en las grandes ciudades, y que se encuentran buscando un trabajo y si es con el Gobierno mejor. ¿Puede y debe un país tan "pobre" como el nuestro darse todo este lujo?, ¿puede y debe desperdiciar tanto capital intelectual habiendo tanta necesidad en el Perú profundo? Y finalmente ¿podemos y debemos los profesionales provincianos estar tan impasibles a las reales necesidades de nuestros pueblos?

Las Municipalidades Provinciales y Distritales

Un esquema que pretenda ser una estrategia exitosa debía considerar, inicialmente, a las 196 Municipalidades Provinciales, para desde allí irradiar a los 1,678 gobiernos locales y así iniciar en forma conjunta un proyecto con las 1,874 Municipalidades, pero creo que esto sería inviable por su alto costo y movilización de profesionales.

En consecuencia, sería más fácil "acercarse y conseguir" el apoyo y participación de 47 Cáritas Diocesanas, articuladas a 1,561 Parroquias, calificadas *y comprometidas con la Comunidad Local y no sólo en el país sino con su equivalente en el extranjero.*

Desde esta perspectiva los acciones que deberían seguir las Municipalidades para conseguir una **Descentralización con Caridad**, debía contar con la participación de profesionales, que salieron a calificarse y deseen apoyarlas para realizar labores que estén enmarcadas en las siguientes acciones:

- Identificar oportunidades de inversión en cada uno de los lugares – área de influencia de los municipios.
- Promover la formación del "Instituto de Fomento Municipal para el Desarrollo Local" y desde allí, en coordinación con el Gobierno Regional, crear la "Agencia de Fomento de la Inversión Privada".
- Crear las condiciones necesarias y suficientes para generar y garantizar un clima de estabilidad que perdure para los inversionistas.

- Promover la generación de nuevos segmentos de consumidores en su localidad.
- Promocionar y publicitar las oportunidades identificadas.

La Red Cáritas y las Parroquias

Por su relación y cercanía a la comunidad están siempre atentas a sus necesidades y potencialidades, hecho que les da una fortaleza para señalar las REALES OPORTUNIDADES que existen en la zona, si es que se decide solucionar los problemas existentes, con la participación activa de los que salieron y el Gobierno de turno.

Los Emprendedores

Las necesidades insatisfechas, no son solo nuestras, son de toda la sociedad en su conjunto, pero cuando éstas se satisfacen, estas desaparecen, llevándonos a una vida más tranquila y sosegada; sin embargo, los que buscamos algo permanentemente y no alcanzamos a satisfacerlas nos convertimos en los observadores del futuro y por lo tanto en los escudriñadores de las necesidades inmediatas y de sus posibles alternativas de solución.

En estas condiciones estas personas y estos hechos los convierten en los emprendedores, a los que, si se suma su condición de profesionales y se les adiciona el ingrediente de las necesidades insatisfechas en "su terruño", se convierten en el emprendedor comprometido con el desarrollo del lugar de donde salió.

Teniendo como función principal en el tema de su especialidad: *identificar las necesidades existes y convertirlas en reales oportunidades de inversión a través de un proyecto.*

Los Inversionistas

Los posibles inversionistas dentro de este esquema serían los que salieron del terruño, dentro de un Programa de Retorno, entendiéndose que este retorno no es necesariamente físico, sino en condición de inversionistas, de tal forma que se logre eslabonar, a través de una cadena productiva local, el lugar de su residencia, donde han identificado un posible "nicho de mercado", con el lugar de donde salieron.

Los Promotores

Las Cáritas Diocesanas y los Gobiernos Locales como entidades promotoras del desarrollo económico local, deberían impulsar "Programas integrales de desarrollo" aprovechando su condición de liderazgo y cercanía a la Comunidad, para canalizar las acciones y actividades que están realizando muchas Instituciones en el País, a través de la suscripción de convenios institucionales con entidades promotoras de oportunidades de inversión.

La Empresa Privada

A través de la conformación de La Empresa Mixta Pública Privada (EMPP), en una formula 70/30, donde la participación sea de 70% para la empresa privada y el 30% para el Gobierno Local, con

Gestión por el socio mayoritario y un asiento en el Directorio para la Municipalidad local.

Transformando así mismo, los activos de la Municipalidad, que generan gasto, en activos productivos, a través del alquiler de los Bienes de la localidad para su administración y uso por la EMPP.

Mapa de Riqueza Potencial: Qoripacha.com

QORIPACHA, en la traducción literal del idioma quechua nos señala la "TIERRA DE ORO"; sin embargo, este vocablo unido a la red significa para nosotros la "Tierra de Oportunidades", término que consideramos es el más apropiado para referirse a esta patria, el Perú.

¿Y Qoripacha.com? es un sitio Web donde debemos promover y concertar todas las oportunidades de inversión y negocios que identifiquemos en nuestro "terruño", para así revertir el mapa de pobreza al que nos tienen acostumbrados, por el Mapa de Riqueza Potencial y Oportunidades de nuestro País.

Rueda de negocios

Los Promotores, junto con una entidad auspiciadora y Cáritas con la Municipalidad, deberían convocar a ruedas de negocios que se realicen, en Lima y en las diferentes Regiones del país, con una frecuencia preestablecida y periódica, con la participación de los emprendedores, para sustentar sus proyectos frente a los posibles inversionistas.

Estas ruedas de negocios deben instituirse, por la naturaleza misma de su nombre y podrían ser promocionadas por alguna fuente financiera de prestigio y que a su vez participe en el financiamiento de las oportunidades identificadas.

En forma complementaria, debería hacerse un seguimiento de los negocios concertados, así como de su impacto en cada una de las Municipalidades en las que se implementaron.

Y si se tiene la herramienta más poderosa, la Red Cáritas y su experiencia aunado a las oportunidades identificadas en los campos de Salud, Educación, Económico productivos, programas forestales y de medio ambiente, se estaría aprovechando las mejores oportunidades que en nuestro País se pueda encontrar.

OCTAVA PARTE: PROMOCIÓN Y PUBLICIDAD

Toda la labor que realice la Municipalidad, por su rol de promotor del desarrollo urbano y rural, debería tener como elementos coadyuvantes las herramientas adecuadas que una gestión moderna otorga, de tal manera que el mensaje que difundan llegue a todo el mercado en su conjunto, para conseguir la reacción tanto de los productores como de los consumidores.

De esta manera se debía tener un doble mensaje, uno que promueva la generación de nuevos actores económicos (productivos y consumidores) y otro que promocione y difunda las oportunidades identificadas en la comunidad.

Por otro lado, la Parroquia que es una comunidad jerárquicamente organizada con la participación activa de los fieles en el ministerio de su conducción pastoral, es un instrumento muy apto dentro de la población lugareña para su participación activa y de organización, de tal forma que los miembros de la Comunidad se involucren en el desarrollo integral de su localidad y así poder llevar adelante con total transparencia la labor que realizan los actores económicos locales.

La Municipalidad promoviendo la generación de nuevos segmentos de consumidores:

- En la ciudad, teniendo como objetivo básico que la juventud no migre. A través de programas que generen oportunidades de capacitación, desarrollo y empleo con tecnología socialmente apropiada.
- Programas juveniles en el campo turístico recreacional.
- Programas ecológicos de conservación de la naturaleza.
- En las PYMES, mediante un programa de extensionismo industrial y/o promoviendo la privatización de los servicios municipales.
- En las zonas rurales, promoviendo la integración vertical de las actividades, con el objeto de lograr un mayor valor agregado, apoyado principalmente en la Agroindustria (con transformación primaria) y los agronegocios, el ecoturismo, agroturismo y el turismo vivencial.
- Identificando ciudades intermedias que posibiliten el crecimiento progresivo, no traumático de las empresas, con el objeto de llegar primero al gran mercado: Lima y luego pretender los mercados de exportación.

La Municipalidad promocionando y publicitando las oportunidades identificadas:

- Resonancia Municipal, radio principalmente, para involucrar a la población en general.
- El Instituto de Fomento Municipal - INFOM.
- Una página web en el "Portal del Estado Peruano" creado como sistema interactivo de información a los ciudadanos a través de Internet.
- En el Mapa de Riqueza Potencial y Oportunidades: Qoripacha.com

Todas las potencialidades identificadas si no son puestas a disposición del mercado serán como continuar ya no sólo como "un mendigo sentado en un banco de oro", sino también como "una gallina que no cacarea a pesar de tener un excelente producto" y por este detalle, la Sociedad en su conjunto se verá perjudicada.

INVOCACIÓN

A modo de conclusión, quisiera señalar que si bien los problemas del interior del país son grandes, el sólo esperar que el gobierno central los solucione, creo que nos va a llevar por muchos años más a una larga espera y agonía, por lo que la migración de quienes buscamos alguna opción para nuestra vida seguirá teniendo el mismo camino, es decir todos los jóvenes tendrán que seguir emigrando y si son adultos y tienen alguna condición de liderazgo local al no poder solucionar los problemas de su localidad, y quizás los suyos propios, tendrán que seguir aspirando a tener un mejor cargo en las grandes ciudades y nuevamente de esta manera las provincias se irán quedando sin oportunidades y sin líderes que solo estarán beneficiando a los lugares donde los acojan.

Es un buen momento para hacer un llamado a TODOS los que salimos a calificarnos y/o a buscar nuevas oportunidades y si las encontramos o no, eso no debe tener mayor significado, puesto que lo que si tenemos es una gran experiencia y una demostrada fortaleza para la supervivencia, y si todo esto lo aunamos a una idea fija, a nuestra idea, a nuestro proyecto de toda la vida, para ser realizado e implementado en nuestro terruño, ya habremos hecho algo grande por este nuestro país.

Y finalmente no derrumbemos nuestros sueños ya que ellos convenientemente promocionados por nuestro Gobierno Local y la Red Cáritas, en algún momento encontrará a otros paisanos que tengan medios económicos y que esté añorando tanto como nosotros retornar, pero ya no sólo como turista, que eso no es malo, sino también como un inversionista, posibilitando de esta manera una nueva forma de descentralizar nuestro país esto es una descentralización con inversión ejecutada a través de un Programa de Retorno de Inversionistas.

De tal forma que el Estado como tal, en cumplimiento de sus funciones, también aproveche a nivel nacional la existencia de los hermanos menores "Las Parroquias".

Y a través de sus leyes y función llegue a toda la comunidad, por el mecanismo de la **SUBSIDIARIDAD**, de tal forma que tenga la oportunidad de mostrar y cumplir con su rol y función de Gestión una **DESCENTRALIZACIÓN CON CARIDAD**.

Para terminar, existen dos citas que quisiera consignar y anexar a este documento, la primera es del pedagogo Paulo Freire:

```
"Hay que leer la vida para poder vivir la historia; saber
para prever, prever para prevenir y atrevernos a actuar
mientras aún tenemos la ocasión de hacerlo, convencidos
de que el riesgo sin conocimiento es desde luego
peligroso, pero el conocimiento sin riesgo es inútil".
```

Y la segunda, algo más extensa, es parte de un artículo escrito por Francisco Sagasti para el Suplemento Dominical de El Comercio el 27 de julio de 1986, el que a pesar del tiempo transcurrido creo que tiene mucha actualidad y vigencia.

IMAGINEMOS UN PERÚ MEJOR

"La capacidad creativa para imaginar futuros deseados y luego diseñar la manera de aproximarnos a ellos a partir de la situación presente, requiere de algunas condiciones básicas:

- Es indispensable asegurar la continuidad del proceso democrático, como condición necesaria para la exploración colectiva de futuros deseados para el Perú.

- Es necesario estimular la discusión sobre el futuro y promover una gran variedad de canales para el dialogo y el debate sobre el tema, de tal forma que todos los grupos sociales participen activamente en ellos.

- Es preciso introducir el tema del futuro y de la planificación a largo plazo como un asunto legítimo de preocupación en los círculos académicos e intelectuales.

Todo esto requiere de una convergencia de esfuerzos y de una concertación de voluntades entre los representantes de los diversos grupos sociales:

- El Gobierno con la responsabilidad de iniciar el dialogo que permita identificar futuros deseados

- Los representantes del sector privado deben participar activamente, aceptando que la incertidumbre es una condición intrínseca de los sistemas democráticos y que no se debe confundir con la inestabilidad del sistema mismo.

- Los políticos deben superar sus afanes protagónicos, dejar de lado actitudes excesivamente fiscalistas y de denuncia y concentrarse en la identificación de opciones viables para el futuro.

- Los intelectuales y profesionales abandonando su acostumbrado escepticismo, deben colaborar en la identificación de los futuros deseados y explorar la manera de acercarnos a ellos.

- Los trabajadores y líderes sindicales deben aceptar su responsabilidad solidaria con el futuro del país y superar posiciones maximalistas de confrontación en el corto plazo.

- Las Fuerzas Armadas deben participar en los debates sobre el futuro del país, reafirmando su vocación democrática y su rechazo al autoritarismo que solo agravaría el desencuentro entre lo existente y lo que podemos ser como país."

www.ingramcontent.com/pod-product-compliance
Lightning Source LLC
Chambersburg PA
CBHW021444210526
45463CB00002B/630